5 비고 클럽, 천문대 캠프에 가다

글 이소영 | 그림 이경석 | 감수 김문주(EBS 초등 강사)

글 이소영

어린이들에게 우리가 사는 세상을 쉽고 재미있게 알려 주는 글을 쓰려고 해요. 멋진 하늘 아래 더불어 사는 우리를 꿈꾸어요. 쓴 책으로는 《행복한 사회공동체 학교》《꼬불꼬불나라의 환경이야기》《꼬불꼬불나라의 언론 이야기》《영양 만점 곤충 식당》《미미네 점방으로 놀러 오세요!》 등이 있습니다.

그림 이경석

기발하고 웃음 가득한 그림을 그리고 싶은 만화가이자 일러스트레이터입니다. 만화책 《좀비의 시간》《을식이는 재수 없어》 등을 쓰고 그렸으며, 그린 책으로는 《읽자마자 수수께끼 왕!》《수상한 유튜버 과학탐정》《엄마, e스포츠 좀 할게요!》《퀴즈, 유해 물질!》《정약전과 자산어보》《한밤의 철새통신》《빛난다! 한국사 인물 100》 등이 있습니다.

감수 김문주

현직 청수초등학교 교사이자 EBS 초등 강사입니다. 어린이들에게 하나씩 알아가는 재미, 배움의 즐거움을 느끼게 해 주고 싶습니다. 〈EBS 라이브 특강〉〈온라인 개학〉 등의 강의를 진행하였으며, 다수의 EBS 초등 과학 콘텐츠 및 교재 개발에 참여하고 있습니다.

 우주

1판 1쇄 발행 2022년 12월 20일
1판 2쇄 발행 2023년 3월 25일

글 이소영 | 그림 이경석 | 감수 김문주

펴낸이 김유열 | 지식콘텐츠센터장 이주희 | 지식출판부장 박혜숙
지식출판부·기획 장효순, 최재진, 서정희 | 마케팅 최은영, 이정호 | 제작 윤석원

기획·책임편집 전윤경 | 디자인 김신애 | 인쇄 명진씨앤피

펴낸곳 한국교육방송공사(EBS)
출판신고 2001년 1월 8일 제2017-000193호
주소 경기도 고양시 일산동구 한류월드로 281
대표전화 1588-1580 | 이메일 ebsbooks@ebs.co.kr
홈페이지 www.ebs.co.kr

ISBN 978-89-547-7224-2 74400
     978-89-547-5927-4 (세트)

ⓒ 2022, EBS·이소영·이경석

사진 협조 Shutterstock | p.150 마리너 10호., 바이킹 1호 ⓒ NASA
         p.152 다누리호, 다누리호가 찍은 사진 ⓒ 한국항공우주연구원

이 책은 저작권법에 따라 보호받는 저작물이므로 무단 전재 및 무단 복제를 금합니다.
파본은 구입처에서 교환해 드리며, 관련 법령에 따라 환불해 드립니다. 제품 훼손 시 환불이 불가능합니다.

추천사

지금은 21세기입니다. 이젠 과학을 문화로 즐길 수 있어야 행복한 시대입니다. 과학을 즐긴다는 것은 무엇일까요? 세상의 모든 과학 지식을 습득한다는 말은 아닙니다. 과학 지식은 엄청나게 빨리 확장됩니다. 과학자조차도 쫓아갈 수 없을 정도죠. 과학을 즐긴다는 것은 과학자처럼 창의적으로 생각하고 과학자처럼 세상을 대하는 태도를 갖는다는 말입니다.

그런데 과학적인 사고방식과 태도는 저절로 하늘에서 떨어지는 게 아닙니다. 과학을 즐기기 위한 마중물이 필요합니다. 기초적인 지식이죠. 그런데 이게 벌써 장벽이더라고요. 『과학이 BOOM!』 시리즈는 과학 세계로 들어가는 장벽을 낮추고 문을 넓혀 주는 책입니다. 아무런 강요 없이 초등학생이 알아야 할 과학에 관한 전반적인 것을 알려 줍니다. 초등학생은 물론이고 부모님께도 추천합니다.

이정모 (국립과천과학관장)

궁금한 것도 많고 알고 싶은 것도 많을 때, 가장 좋은 방법은? 바로 정확한 정보가 담긴 좋은 과학책을 읽는 것입니다.

과학책은 대부분 어렵고 지루하고 재미없어서 싫어한다고요? 하지만 세상에는 유튜브보다 빠르게, 틱톡보다 재미있게 과학 궁금증을 풀어내는 과학책도 존재합니다. 바로 『과학이 BOOM!』 시리즈입니다.

"난 평범하게 살고 싶어!"를 외치면서도 과학 천재인 본모습을 숨기지 못하고 언제 어디서나 '여기서 잠깐!'을 외치는 수호를 따라 책장을 넘기다 보면, 어느새 궁금증은 해결되어 있고 나아가 궁금증에 대한 답을 찾는 원리까지 알게 됩니다. 엉뚱한 매력의 신기한 과학책, 『과학이 BOOM!』 시리즈를 통해 과학의 즐거움을 만끽하시길 바랍니다.

하리하라 이은희 (과학 커뮤니케이터)

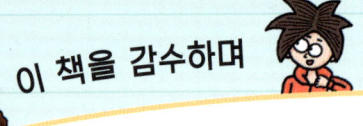

이 책을 감수하며

짜릿한 숨은 과학 찾기

우주는 어떻게 탄생했을까요?
지구는요? 태양은요?
태양은 지구에서 얼마나 멀리 있을까요?

광활하고 무한한 우주의 세계만큼 꼬리에 꼬리를 물고 이어지는 우주에 대한 궁금증! 지금부터 그 비밀을 하나씩 풀어 가 볼 거예요. 그것도 재미있는 이야기 속에서 말이에요. 생각만 해도 두근두근 짜릿하지 않나요?

『과학이 BOOM!』 시리즈의 매력 만점 주인공들이 들려주는 흥미진진한 이야기를 읽다 보면 자연스럽게 우주에 관한 과학 지식이 하나둘 쌓이게 될 거예요. 구석구석 깨알 같은 지식이 숨어 있으니 작은 말 하나하나 놓치지 말고 꼼꼼히 읽어 보세요.

이야기 중간중간에 등장인물들이 우주에 관한 지식을 명쾌하게 설명해 주는 코너가 나와요. 바로 '여기서 잠깐!' 코너! 교과서에 나오는 과학 내용이 이해하기 쉽게 정리되어 있습니다. 재치 있는 설명과 귀여운 그림이 읽는 재미를 더해 줄 거예요.

 책을 읽으면서 '더 알고 싶어.'라는 생각이 들 때가 있죠? 책 뒷부분의 '과학 레벨업 하기!' 코너에는 교과서를 넘어 우주에 대한 더 깊이 있는 내용이 담겨 있어요. 여러분의 과학 실력을 한 단계 더 레벨업! 해 주지요.

 이 책을 읽으며 여러분이 위대하고 신비로운 우주의 비밀을 많이 찾게 되길 바랍니다. 이야기 속에 숨어 있는 과학을 찾는 짜릿함과 '아하!' 배움의 즐거움도 덤으로 얻게 되기를…!

EBS 초등 강사 **김문주**

차례

1장 빛과 그늘 · 태양 ········· 10
- 과학 5-1: 태양이 우리에게 미치는 영향
  지구와 태양 사이의 거리

2장 태양으로 가는 길 · 별과 행성 ········· 24
- 과학 5-1: 행성과 별의 차이
  태양계 행성의 크기와 거리 비교

3장 천문대에서 만난 제로 · 태양계의 행성들 ····· 42
- 과학 5-1: 태양계의 구성원들

4장 첫 번째 게임, 숫자 암호를 풀어라 · 태양계의 다양한 천체들 ······ 60
- 과학 5-1: 태양계의 구성원들

5장 두 번째 게임, 달 착륙 대작전 · 지구와 달 ········ 78
- 과학 6-1: 지구의 자전과 공전 / 낮과 밤이 생기는 이유
  계절에 따른 별자리 / 여러 날 동안 변하는 달의 모양과 위치

6장 세 번째 게임, 한밤의 보물찾기 · 별과 별자리 ···· 102
- 과학 5-1: 밤하늘에서 북극성 찾기
- 과학 6-1: 계절에 따른 별자리

7장 우리는 하나 · 별의 탄생과 죽음 ········ 124
- 과학 5-1: 밤하늘에서 볼 수 있는 천체들

부록 과학 레벨업 하기

- 태양 흑점 ··· 148
- 지구형 행성과 목성형 행성 ················ 149
- 태양계 탐사선 ··································· 150
- 달 궤도선, 다누리호 ························· 152
- 혜성은 어디서 오는 걸까? ················· 153
- 계절은 왜 생길까? ···························· 154
  - **과학 6-2** 계절이 생기는 이유 / 계절에 따라 기온이 달라지는 까닭
- 일식과 월식 ······································ 155
- 황도 12궁, 생일 별자리 ····················· 156
- 우리나라에서 볼 수 있는 별자리 ······· 157
  - **과학 6-1** 계절에 따른 별자리
- 제임스 웹 우주 망원경 ······················ 158
- 별들이 모여 있는 성단 ······················ 159
- 우주의 탄생 ····································· 160

주요 등장인물

수호

평범하고 싶지만 천재성을 숨길 수 없는 나. 이번에는 친구들과 함께 그토록 바라던 여름 캠프를 가게 됐어. 얼마나 재미있을까? 진짜 너~~무 기대돼!

안느

고양이를 좋아해서 길고양이를 돌보는 비밀 고양이 클럽을 만들었어. 이름하여 비고 클럽! 근데 고양이랑 상관없는 일들이 자꾸 일어나. 이번엔 또 어떤 일이 일어날까?

세찬

재활용품으로 물건 만드는 거랑 맛있는 거 먹는 걸 제일 좋아해! 위기 상황이 닥칠 때마다 멋지게 활약을 하고 있지. 안느랑 수호는 나 없으면 안 된다니까.

그 외 등장인물

제로

난 우주를 정말 좋아해.
까만 밤하늘에 반짝반짝 빛나는
별들을 보고 있으면, 우주의 신비와 웅장함에
숨이 막힐 것 같다니까.
조용한 성격 탓에 친구가 없지만, 괜찮아.
나에게는 우주가 있으니까.

백산이 & 두산이

우리는 찰떡궁합 쌍둥이! 사람들은
우리 둘을 합쳐서 백두산이라고 불러.
우리가 성격이 괴팍하다고 자꾸들 그러는데
모르는 말씀! 세상을 살아가려면
강한 성격도 필요한 거 아니겠어?

천 교수

난 우주에 관해서는 척척박사야. 모르는 게 없지.
이번에 내가 아주 좋은 아이디어를 떠올렸어.
아이들이 신나고 재미있게 우주를 배울 수 있는
기가 막힌 생각이지. 내 계획이 잘 돼야 할 텐데
은근 긴장되는구먼, 후후후.

태양에 대해서 생각해 본 적 있니?

만약 태양이 사라지면 어떻게 될까?

낮이 사라지고, 깜깜한 밤이 계속되겠지.

너무너무 추워서 모든 것이 꽁꽁 얼어 버릴 거야.

그러면 태양은 영원히 빛나는 걸까?

태양에 대해 궁금한 모든 것, 함께 알아보자.

1장

빛과 그늘

★ 태양 ★

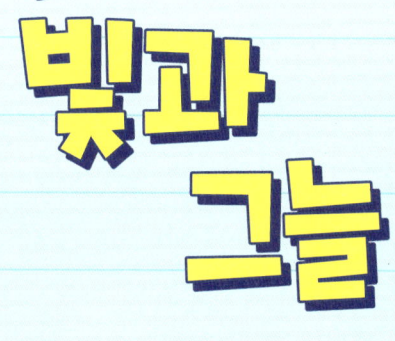

"어휴, 덥다. 더워."

수호가 이마에 송글송글 맺힌 땀을 체육복 윗도리를 끌어 올려 닦았다.

"이런 날 체육 수업을 하는 건 너무나 잔인한 일이야."

안느가 손부채질을 하며 말했다. 세찬이가 운동장 한쪽에 서 있는 커다란 나무 그늘을 가리켰다.

"저기서 좀 쉬었다가 들어가자."

아이들은 나란히 나무 그늘 아래 놓인 의자에 걸터앉았다. 반 아이들이 둘씩, 셋씩 무리를 지어 교실로 돌아가고 있었다. 다들 체육복이 땀으로 얼룩져 있었다.

"난 여름이 제일 싫어. 여름 동안만 저 태양을 좀 치워 버릴 수 없을까?"

안느가 눈을 가늘게 뜨고, 태양이 떠 있는 쪽 하늘을 올려다 보았다.

"하하하! 안느야, 그게 말이 돼?"

"만약 안느의 말대로 태양을 지구에서 멀리 치울 수 있다면 어떤 일이 생길까?"

안느가 재빨리 대답했다.

"당연히 시원한 여름을 보낼 수 있겠지."

세찬이가 안느를 보며 쯧쯧 하고 혀를 찼다.

"태양이 없어지면 깜깜한 밤만 계속될 거야."

"전등이 있는데 무슨 상관이야?"

안느의 말에 세찬이가 어이없다는 듯 한숨을 쉬었다.

"우리는 태양 없이는 살아가지 못해. 태양 빛을 받지 못하면 식물들이 모두 죽고 말걸."

"그만!"

안느가 외쳤다.

"나도 알아. 태양이 중요하다는 것. 난 그냥 여름엔 태양과 나 사이가 엄청 가까워진 듯 무지 덥다고 말하는 거야."

안느의 말이 끝나자마자, 세찬이가 갑자기 벌떡 일어나 성큼성큼 나무 그늘 밖으로 나갔다.

"애들아, 큰일 났어. 우리와 급식실 사이가 너무 멀어. 벌써 점심시간이 시작되었단 말이야."

수호와 안느도 급히 일어나 세찬이를 따라갔다.

　세 아이가 운동장을 반쯤 가로질러 갈 때쯤, 나무 뒤에서 한 아이가 나왔다. 아이는 저만치 달려가는 수호와 안느, 세찬이를 물끄러미 바라보더니, 천천히 걷기 시작했다.

　잠시 뒤, 급식실에서 세찬이가 식판에 담긴 노릇노릇한 치즈볼에 코를 대며 으쓱거렸다.

　"이럴 줄 알았어. 역시 내 코는 정확해."

　오늘의 식단이 마음에 드는지 안느도 흐뭇하게 식판을 바라보았다. 세찬이가 젓가락으로 치즈볼 하나를 조심스럽게 들어 입으로 가져갈 때였다.

　"잠깐!"

　수호가 세찬이를 막았다.

　"왜!"

　세찬이가 이마를 찡그렸다.

"난 태양까지 가는 건 포기!"

안느가 하나 남은 치즈볼을 입속에 쏙 넣었다.

"어차피 우린 태양 가까이 갈 수도 없어. 태양의 표면 온도는 약 6천 도라고 하니까, 아마 태양에 닿기도 전에······. 그다음은 말 안 해도 알겠지?"

"그래, 안느야, 태양을 피하지 말고 즐길 방법을 찾는 게 어때? 곧 여름 방학이잖아. 태양이 내리쬐는 바닷가에서 물놀이를 즐길 수 있어."

세찬이가 수영을 하듯 팔을 휘저었다.

"여름 방학?!"

치즈볼을 탐내는 세찬이의 눈빛에 수호가 얼른 식판을 손으로 가렸다. 쳇, 세찬이가 아쉬워하며 젓가락을 내려놓았다.

그때 세찬이의 뒤쪽에서 하얀 손이 쑥 나오더니, 치즈볼 두 개를 내려놓았다.

"어, 어……, 고마워!"

세찬이는 어느새 등을 보이고 걸어가는 아이를 향해 소리쳤다.

"누구야?"

수호와 안느가 동시에 물었다.

"우리 반 제로잖아. 몰라?"

세찬이가 더 놀랍다는 듯 대답했다. 저만큼 걸어가던 제로라는 아이가 슬쩍 뒤를 돌아보았다. 수호와 제로의 눈이 마주쳤다. 제로는 얼른 고개를 돌리고 다시 걸어갔다. 수호가 고개를 갸웃거렸다. 왠지 이상한 기분이 들었다.

태양의 탄생

태양은 어떻게 생겨난 거야?

태양은 약 46억 년 전에 태어났어.

태양은 가스와 먼지 등으로 이루어진 구름 같은 성운 속에서 태어났어.

이 가스와 먼지 구름은 회전하면서 납작한 원반 모양으로 변해.

점점 빠르게 회전하고, 수축하면서 중심으로 모여들지.

중심부가 점점 뜨거워지면서 원시 태양이 태어나.

이후 오랜 시간이 지난 뒤 지금과 같은 태양의 모습이 되었어.

태양은 스스로 빛을 내는 별이야. 주로 수소와 헬륨 등의 가스로 이루어져 있어. 수소와 수소가 결합하면 헬륨이 되는데, 이런 수소 핵융합 반응을 통해 태양은 끊임없이 강한 빛과 뜨거운 열을 내뿜고 있어. 핵융합을 할 때는 어마어마한 에너지가 나오거든. 수소 폭탄 수십 억 개를 터뜨리는 것과 같다고 하지.

태양의 구조

핵
태양의 가장 중심부로, 수소가 헬륨으로 바뀌는 핵융합이 일어나. 태양의 표면 온도는 약 6,000도인데, 중심 온도는 무려 약 1,500만 도나 돼.

홍염
채층을 뚫고 솟구치는 거대한 불기둥이야.

태양 흑점
흑점의 온도는 약 4,000도로, 주변보다 온도가 낮아서 검게 보여.

광구
태양 표면을 말해.

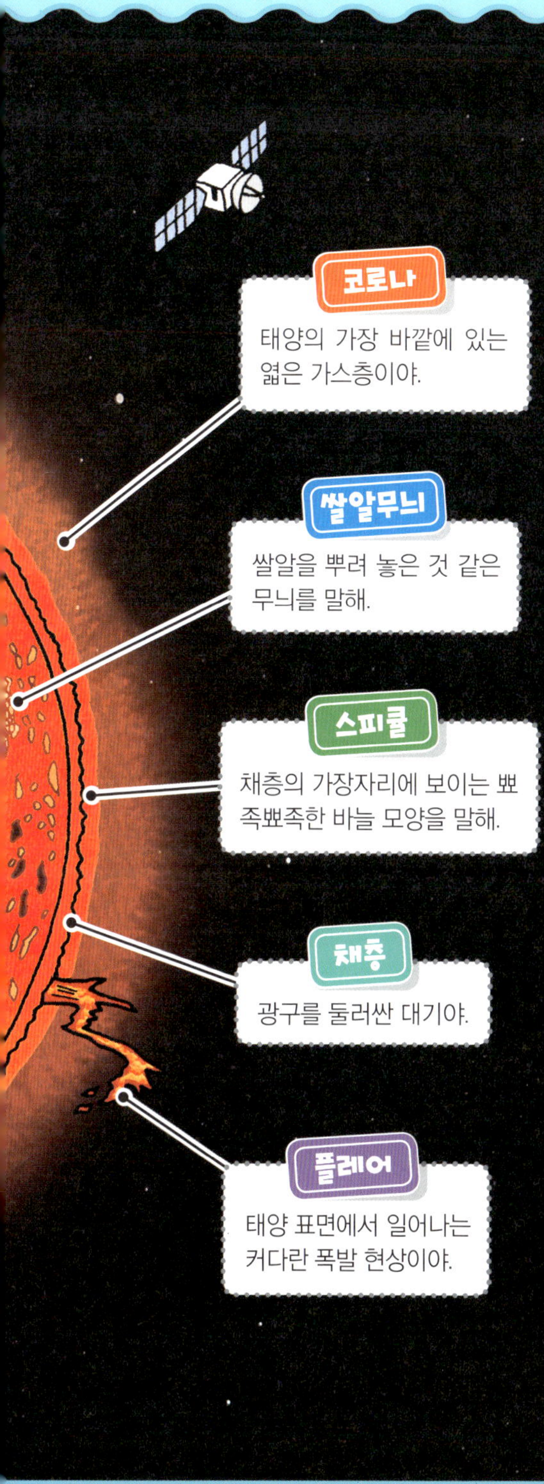

코로나
태양의 가장 바깥에 있는 얇은 가스층이야.

쌀알무늬
쌀알을 뿌려 놓은 것 같은 무늬를 말해.

스피큘
채층의 가장자리에 보이는 뾰족뾰족한 바늘 모양을 말해.

채층
광구를 둘러싼 대기야.

플레어
태양 표면에서 일어나는 커다란 폭발 현상이야.

태양이 별이라고?

별이랑 태양이 어떻게 같아? 다르게 생겼잖아.

다른 별이 엄청 멀리 있어서 그래. 별이 되려면 가장 중요한 조건이 있어. 스스로 빛을 내야 한다는 거야.

달은 밝게 빛나지만 별은 아니야. 태양 빛을 반사시켜서 빛나 보이는 거지.

으앗! 눈부셔!

아! 그래서 달의 모양이 바뀌는 거구나.

안는 얼굴처럼

야!

맞아. 태양 빛을 받는 부분에 따라 반달로 보이기도 하고, 초승달로 보이기도 해.

LEVEL UP 태양 흑점을 통해 태양에 대해 더 많은 걸 알 수 있어. 흑점이 궁금하면, 148쪽 과학 레벨업 하기를 살펴봐!

드디어 신나는 여름 방학이 시작되었어.

이날을 얼마나 기다렸는지 몰라.

내가 아주 특별한 계획을 세웠거든.

바로 친구들과 천문대 캠프에 참가하는 거야!

밤하늘을 올려다보며

별과 우주의 신비에 대해 공부할 수 있다니

생각만 해도 설레지 않아?

그럼, 먼저 태양계 행성들부터 만나러 가 볼까?

2장

태양으로 가는 길

별과 행성

"여기야, 여기!"

커다란 밀짚모자를 쓴 수호가 자동차 앞에서 손을 흔들고 있었다. 안느와 세찬이가 수호를 보고 달려갔다.

"신난다! 드디어 여름 방학이야."

"우리 정말 떠나는 거야? 그런데 어디로 가는 거야?"

안느와 세찬이가 기대에 찬 눈으로 수호를 쳐다보았다.

"어…… 어……, 너희도 분명히 좋아할 거야."

수호가 머뭇거리며, 눈길을 피했다. 운전석에서 내린 수호의 아빠가 안느와 세찬이의 가방을 받아 차 트렁크에 넣었다. 세찬이의 가방은 터질 것처럼 빵빵했다.

"세찬아, 대체 뭘 가지고 온 거야? 겨우 하루 자는 건데."

수호가 물었다.

"뭐긴 뭐겠어? 다 먹을 거겠지."

안느가 당연한 걸 묻는다는 듯 심드렁하게 말하며, 차 뒷자리에 올라탔다.

"나중에 달라고나 하지 마."

세찬이도 안느 옆자리에 앉았다.

"캠프에 가면 먹을 건 다 줄 텐데……."

마지막으로 수호가 자리를 잡으며 말했다.

"캠…… 프?!"

안느와 세찬이가 한 목소리로 소리쳤다. 수호는 밀짚모자를 푹 눌러 쓰며 몸을 의자에 파묻었다.

"가 보면 알아. 일찍 일어났더니 피곤하네. 너희도 쉬어."

안느와 세찬이는 서로 불안한 눈빛을 교환했다.

자동차는 고속 도로를 한 시간 가까이 달리더니, 어느새 나무들이 울창한 산길로 들어섰다. 고개를 꾸벅거리며 졸던 안느와 세찬이가 서로 머리를 쿵 부딪혔다.

"여기가 어디야?"

안느가 창문에 얼굴을 바짝 붙이고 밖을 내다보았다.

"바다로 가는 게 아닌 건 확실하군."

세찬이가 탐정이라도 된 듯, 눈을 가늘게 뜨고 말했다.

꼬불꼬불한 산길을 달리던 자동차는 산속 휴게소에서 멈췄다.

그제서야 수호가 얼굴을 가리고 있던 밀짚모자를 들추며 일어났다.

수호의 아빠는 트렁크에서 짐을 꺼내 준 뒤, 즐거운 여행이 되길 바란다는 짧은 인사를 남긴 채 떠나 버렸다.

안느와 세찬이가 의심이 가득한 눈빛으로 수호를 바라보았다. 그러자 수호가 세찬이를 향해 한마디 덧붙였다.

"특히 식사가 맛있는 캠프로 유명해."

세찬이의 표정이 순식간에 환해졌다.

"안느야, 여기까지 왔는데 어쩌겠어. 한번 가 보자. 우주 캠프라니, 재미있을 것 같기도 해."

안느가 마지못해 수호와 세찬이를 뒤따라 발걸음을 옮겼다.

태양 천문대까지 올라가는 산길은 생각보다 편안했다. 울창한 나무들이 시원한 그늘을 만들어 주었다.

"그렇게 힘들진 않지?"

수호가 안느와 세찬이의 눈치를 살피며 조심스레 물었다. 잠시 뒤, 나무 아래 푸른색 공 모양의 조형물이 나타났다.

"이게 뭐지?"

"해왕성이라고 쓰여 있잖아."

세찬이가 안느에게 조형물 밑 안내판에 있는 글씨를 또박또박 읽어 주었다.

"나도 그건 알아. 산속에 왜 이런 게 있는지, 그게 궁금한 거야."

수호도 푸른 조형물을 이리저리 살펴보았다.

"흠, 가는 길이 지루하지 않겠는걸. 해왕성은 태양계 행성들 중 가장 끝에 있는 행성이야. 아마 태양 천문대까지 가는 길에 태양계 행성들을 차례대로 만나게 될 것 같아."
"태양계?"
세찬이가 되물었다.
"태양과 태양의 영향을 받는 천체들과 그 공간을 말해."
"그럼, 행성은 뭐야?"
"지구처럼 태양의 힘에 이끌려 태양 주위를 도는 천체야."

수호가 팔을 쭉 뻗어 등산로를 가리켰다.

"이 길이 태양으로 가는 길이라고 생각해 봐. 가다가 어떤 행성을 만날지, 또 지구는 언제 나타날지 궁금하지 않아?"

수호가 눈을 반짝이며 세찬이와 안느를 쳐다보았다. 태양 천문대로 가는 길이 마음에 든 게 틀림없다. 그 눈을 보고 궁금하지 않다는 말은 할 수가 없었다.

다음 행성은 쉽게 나타나지 않았다. 시원한 그늘 밑이라고는 해도 여름날 산길을 오르는 건 쉬운 일이 아니었다. 특히

무거운 가방을 멘 세찬이의 걸음이 점점 느려졌다.
"그러게 무슨 짐을 이렇게 많이 가지고 왔어?"
안느가 핀잔을 주었다.
"가방 안에 있는 걸 제발 달라고 할 때가 올걸."
세찬이가 가방을 고쳐 메며 말했다.
"얘들아, 저기 보인다!"
수호가 커다란 나무 밑에 있는 조형물을 보고 소리쳤다.
"이 행성은 천왕성이야. 해왕성과 크기가 비슷하지. 이 다음엔 아름다운 고리로 유명한 행성이 나타날 건데, 뭘까?"
"나도 그건 알아. 토성이야. 맞지?"

세찬이가 자신 있게 소리쳤다.

"맞아, 토성을 찾아가 보자."

정답을 맞힌 기쁨에 세찬이는 다시 힘을 내서 걷기 시작했다. 뒤에서 따라가던 안느가 숨을 헉헉거렸다.

"물, 물 좀 줘."

세찬이가 가방을 내려놓고 휘휘 뒤지더니 얼음이 들어 있는 물병을 꺼냈다. 안느는 독수리가 먹이를 낚아채듯, 세찬이의 손에서 물병을 잡아챘다.

"아, 이제 살 것 같다."

안느가 엄지손가락을 들어 보였다. 세찬이가 그것 보라는 듯 자랑스럽게 가방을 툭툭 쳤다.

"근데 토성은 언제 나와? 가도 가도 끝이 없는 것 같아."

"해왕성에서 천왕성까지의 거리보다 가까워. 우리가 힘이 빠져서 더 먼 것처럼 느껴지는 거야. 그런데 토성의 고리를 제일 먼저 발견한 사람이 누구인지 알아?"

세찬이가 안느에게서 물병을 받아 벌컥벌컥 들이켜며 고개를 저었다.

"갈릴레이가 망원경으로 처음 토성의 고리를 발견했대. 토성의 고리는 수많은 얼음 조각으로 이루어져 있어."

얼음물 덕분에 아이들의 발걸음이 한결 가벼워졌다.

이내 동그란 고리를 가진 노란색 토성이 나타났다. 세찬이는 반가움에 토성을 꼭 끌어안았다.

"빨리 다음은 천문대라고 말해."

"아니, 아직. 다음번 행성은 태양계에서 가장 큰 목성이야."

잠시 밝아졌던 안느의 얼굴이 먹구름을 만난 듯 다시 어두워졌다.

"대체 행성을 몇 개나 더 찾아야 하는 거야?"

수호가 손가락을 하나하나 접으며 말했다.

"태양계 행성은 모두 8개야. 해왕성부터 시작해서 토성까지 왔으니까, 이제 남은 건 목성, 화성, 지구, 금성, 수성이야."

"뭐? 5개나 남았다고?!"

안느와 세찬이의 외침에 나무에 앉아 쉬던 새들이 푸르르 날아갔다.

행성의 탄생

행성들이 태양 주위를 돈댔지?

응. 태양계의 행성은 모두 태양의 강한 중력에 이끌려서 태양 주위를 공전하고 있어.

그런데 행성은 어떻게 만들어진 거야?

약 46억 년 전, 태양이 탄생하고 난 뒤, 남은 가스와 먼지들은 태양 주위를 빠르게 회전하기 시작했어. 이 물질들이 서로 부딪히고 뭉치면서 작은 덩어리들이 생겨났지.

그중 큰 덩어리들은 주변에 있는 작은 덩어리들을 끌어들여 점점 커졌어. 그러면서 서로 밀고 당기는 일을 계속하다가, 자기만의 속도와 길을 가지고 태양 주위를 돌게 돼.

그렇게 생겨난 8개의 덩어리들이 지금의 여덟 행성이 된 거야. 이렇게 지금의 태양계가 만들어졌지.

행성의 크기와 거리 비교

해왕성은 태양에서 가장 멀리 떨어져 있댔잖아. 얼마나 멀리 있는 거야?

행성들의 크기와 거리를 비교해 줄게.

행성 이름 옆의 수치는 지구의 값을 1로 했을 때의 상대적인 수치야.

수성(0.4) 지구(1)

태양(109) 금성(0.9) 화성(0.5)

목성(11.2)

행성의 반지름 비교

태양에서부터의 거리 비교

태양 수성(0.4) 금성(0.7) 지구(1) 화성(1.5) 목성(5.2) 토성(9.6)

행성들은 각각 다른 속도로 태양 주위를 공전하고 있어. 태양에서 멀리 있는 행성일수록 공전하는 데 걸리는 시간이 길어.

자, 이제 거의 다 왔어.
태양계의 행성들에 대해 하나둘 알아 가다 보면
어느새 천문대에 도착할 거야.
색색의 구름이 물결치는 목성, 아름다운 고리를
가진 토성, 그리고 푸른 유리구슬 같은 지구까지!
각각의 행성들은 어떤 환경을 가졌을까?
혹시 생명체가 살고 있는 행성은 없을까?
궁금하다, 궁금해!

3장

천문대에서 만난 제로

태양계의 행성들

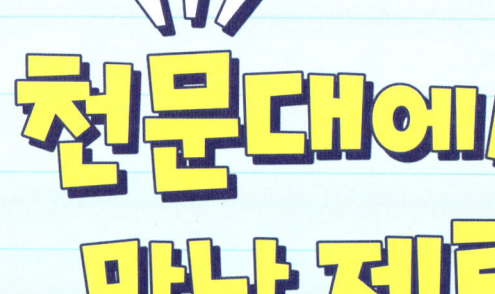

"여름 방학 첫날부터 이게 무슨 고생이야! 내가 이럴 줄 알았어. 수호를 믿는 게 아니었다고."

안느가 이마에서 줄줄 흘러내리는 땀을 손수건으로 닦아 내며 말했다. 목성을 지난 뒤, 끝이 보이지 않는 나무 계단을 올라가는 중이었다.

세찬이가 몇 계단 앞에서 걸어가는 수호를 흘깃 쳐다보며 안느에게 작은 목소리로 말했다.

"안느야, 이제 그만해. 그 얘기 한 번만 더 하면 백 번째야."

"뭐? 내가 틀린 말이라도 했다는 거야?"

순간, 수호가 발걸음을 멈추고 제자리에 서서 움직이지 않았다. 안느와 수호 사이에서 세찬이가 어쩔 줄을 몰라 하며 말했다.

"얘들아, 이렇게 힘든 때일수록 서로 이해하고 의지하며……."

수호가 고개를 홱 돌려 안느를 바라보았다. 안느도 눈에 힘을 주었다. 세찬이가 재빨리 가방 안에서 초콜릿을 꺼내 둘에게 나눠 주었다.

"자, 달콤한 초콜릿을 먹으면 기운이 날 거야."

초콜릿 한 조각에 분위기가 조금 부드러워졌다.

"이제 얼마 안 남았어. 화성까지만 가면 금방이야."

"그래, 안느야. 조금만 더 힘을 내자."

세찬이가 은박지에 묻은 초콜릿을 쪽쪽 핥으며 말했다.

안느는 말없이 산 정상까지 이어져 있는 나무 계단을 오르기 시작했다. 계단 끝에 이르자 탁 트인 풍경이 나타났다. 길 끝에는 천문대로 보이는 건물이 몇 동 서 있었다. 은색으로 반짝이는 반구가 올려져 있는 건물도 보였다.

"태양 천문대다!"

셋은 누구랄 것도 없이 환호성을 질렀다. 천문대까지 이어진 길에는 한눈에 들어올 만큼 서로 가까운 거리에 있는 행성 모형들이 보였다.

세찬이가 화성 앞에 가서 섰다.

"그런데 화성은 왜 이렇게 작아? 크기가 확 줄었어."

"화성과 지구, 금성, 수성은 행성의 크기도 작고, 행성들 간의 거리도 가까운 편이야."

아이들은 화성 옆 지구로 옮겼다.

"푸른 별…… 아니, 푸른 행성 지구다. 유리구슬 같아."

안느의 말에 수호와 세찬이도 고개를 끄덕였다.

"이 많은 행성들 중에서 생명체가 사는 곳이 단 하나도 없다고?"

세찬이가 놀란 표정을 지었다.

"그래. 태양계 안에서는 아직 발견하지 못했어. 태양계 너머 다른 행성에는 있을지도 모르지만."

"얘들아, 난 빨리 저기 건물 안으로 들어가서 시원한 에어컨 바람을 쐬고 싶어."

안느가 지구 앞에 선 수호와 세찬이를 재촉했다.

금성과 수성을 지나자, 〈태양 천문대 우주 캠프에 오신 걸 환영합니다〉란 안내문이 붙은 건물이 나타났다.

건물 안으로 들어서자마자 안느는 가방을 집어던지고, 바닥에 털썩 주저앉았다. 세찬이도 가방을 내려놓으며 큰 숨을 내쉬었다.

사람들이 본다는 세찬이 말에 수호가 고개를 돌리자, 맞은편 벽 쪽에 모여 있는 아이들이 보였다. 덩치가 큰 아이 두 명과 얼굴이 하얗고 마른 아이 한 명이 서 있었다. 그중 덩치 큰 아이 둘이 이쪽을 보며 키득거렸다.

"어, 너는……."

수호의 말에 세찬이와 안느도 맞은편을 바라보았다.

"뭐야, 백두산이잖아?!"

안느가 있는 힘껏 이마를 찡그렸다.

"제로도 있네."

세찬이가 반가운 듯 제로를 향해 손을 흔들었다.

"백두산이 누구야?"

수호가 세찬이에게 물었다.

"백산이와 두산이라고, 쌍둥이야. 학교에서 꽤 유명한 애들이지. 저기 왼쪽 볼에 작은 흉터 있는 애 보이지? 걔가 동생 두산이야."

그때 백산이와 두산이가 안느를 보며 빈정댔다.

수호가 놀란 듯 눈이 동그래졌다. 세찬이가 수호의 귀에 대고 빠르게 속삭였다.

"쟤들이 예전에 안느가 돌봐 주던 오두를 잡아가려고 한 적이 있었어. 오두의 양쪽 눈이 다른 게 신기해 보였나 보지. 그러다 오두가 두산이 얼굴을 할퀸 거야. 그 뒤로 안느와 길고양이만 보면 시비를 걸어."

수호가 알겠다는 듯 고개를 끄덕였다.

"그런데 제로는 왜 쟤들하고 같이 온 거지?"

세찬이가 의아한 표정으로 제로를 보았다. 백산이와 두산이 사이에 있는 제로는 마치 햄버거 빵 사이에 낀 치즈 같았다.

"얘들아, 안녕!"

복도 쪽에서 경쾌한 목소리가 들려왔다. 아이들은 소리가 나는 쪽으로 고개를 돌렸다.

복도에는 노란색 머리를 삐죽삐죽하게 세운 한 남자가 있었다. 머리 모양이 마치 불타는 태양 같았다.

"나는 태양 천문대의 연구원 천 교수야. 제1회 우주 캠프에 온 걸 환영해. 천문대까지 오는 길이 아주 흥미진진했지? 며칠 동안이나 잠도 못 자면서 만든 거라고. 하하하."

'제1회 우주 캠프? 태양 천문대의 캠프는 유명하다며.'

'식사가 맛있기로 소문났다며.'

안느와 세찬이가 수호의 뒤통수를 노려보았다. 수호는 모른

척 천 교수만 바라보았다.

천 교수는 다시 말을 이었다.

"우주 캠프에 참가하고 싶어 하는 학생들 중에서 특별히 감동적인 메일을 보낸 6명을 뽑았어. 우주를 사랑하는 친구들을 만나서 정말 기쁘단다."

'메일?'

'우주 사랑?'

안느와 세찬이의 눈에서 불꽃이 튀었다. 수호는 뒤통수가 뜨끈뜨끈해지는 것을 느꼈다.

천 교수는 아이들을 두 조로 나누었다.

천 교수는 아이들이 쓸 방을 알려 주었다.

"자, 그럼, 각자 방에 가서 짐을 풀고 한 시간 뒤에 다시 여기서 만나자. 아주 즐거운 게임을 준비해 놓았거든."

천 교수가 가고 나자, 백산이와 두산이가 먼저 움직였다. 제로가 그 뒤를 따라 힘없이 발걸음을 옮겼다. 세찬이가 걱정스러운 눈빛으로 제로의 뒷모습을 바라보았다.

"으~ 기분 나빠!"

안느가 머리를 감싸 쥐었다. 수호가 안느에게 미안한 얼굴로 말했다.

"내가 괜히 오자고 했나 봐."

안느가 얼굴을 번쩍 치켜들었다. 그러더니 수호의 두 손을 덥석 잡았다.

"아니야. 잘 왔어. 어쩌면 이건 좋은 기회야. 알겠지?"

"응? 뭐가?"

수호가 얼떨떨한 얼굴로 물었다.

"게임에서 꼭 이겨서 백두산의 코를 납작하게 해 주자고!"

태양계의 행성들

"설마 방에 가는 길에 또 행성이 있진 않겠지?"

"난 이제 자다가도 일어나서 말할 수 있을 것 같아. 수성, 금성, 지구, 화성…."

"이참에 태양계 행성에 대해 알려 줄게."

  행성의 비밀을 낱낱이 밝혀 주마!

수성은 달과 비슷한 크기의 행성으로, 단단한 암석으로 이루어져 있어. 대기가 거의 없기 때문에 운석이 부딪힌 흔적이 그대로 남아 있지. 낮과 밤의 온도 차이가 엄청 큰데, 낮에는 400도까지 올라가고, 밤에는 영하 200도까지 떨어져.

자전 주기 : 약 59일
공전 주기 : 약 88일

"지구 시간으로 따지면, 하루가 59일이고, 일 년이 88일이란 거네."

"수성에서 살았으면 40살이 넘었잖아!"

금성은 지구와 쌍둥이로 불릴 정도로 비슷한 크기의 행성이야. 다른 행성들과 달리 특이하게 반대 방향으로 자전하지. 금성은 태양계에서 가장 뜨거운 행성이기도 해. 표면 온도가 무려 470도나 되는데, 주로 이산화 탄소로 이루어진 아주 두터운 대기층이 태양열이 밖으로 나가지 못하게 막고 있기 때문이야.

자전 주기 : 약 243일
공전 주기 : 약 225일

그래서 태양에 더 가까운 수성보다 뜨겁구나.

지구에는 생명체가 숨 쉴 수 있는 대기가 있어. 또 태양과 적당히 떨어져 있어서 생명체가 살기에 알맞은 온도를 유지하고 있지. 그 덕에 수많은 생명체들이 지구에서 살아갈 수 있는 거야.

자전 주기 : 약 24시간
공전 주기 : 약 365일

역시 지구가 최고야!

화성은 지구 크기의 반 정도 되는 행성이야. 화성의 흙은 산화철이 많아서 붉은색을 띠고 있어. 그래서 붉게 보이지. 화성에는 지구에서 가장 높은 에베레스트산보다 3배나 더 높은 올림푸스 화산이 있어. 또 오래전 강물이 흘렀던 흔적도 남아 있지. 화성의 극지방에서는 수증기와 이산화 탄소가 얼어서 생긴 얼음도 볼 수 있어.

자전 주기 : 약 25시간
공전 주기 : 약 687일

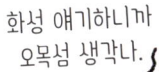
화성 얘기하니까 오목섬 생각나.

과학이봇 4권을 확인 하세요!

LEVEL UP 태양계의 행성들은 지구형 행성과 목성형 행성으로 나뉘어. 그 특징이 궁금하면, 149쪽 과학 레벨업 하기를 살펴봐!

목성은 주로 수소와 헬륨 등의 기체로 이루어진 행성이야. 태양계에서 가장 큰 행성으로, 지구의 질량보다 약 320배나 더 무거워. 만약 목성이 지금보다 더 무거웠다면 스스로 빛을 내는 별이 되었을 거라고 해. 목성은 표면에 보이는 밝고 어두운 줄무늬가 특징적인데, 이 무늬로 목성의 대기에서 활발한 활동이 일어나고 있다는 걸 알 수 있어.

자전 주기 : 약 10시간
공전 주기 : 약 11.9년

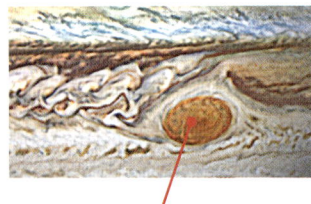

목성에는 커다란 점처럼 보이는 붉은 부분이 있어. 이를 **목성의 대적점**이라고 해. 이 대적점의 크기는 지구보다도 큰데, 아주 거칠고 강한 폭풍이 휘몰아치는 곳이야.

목성이 별이 되었으면 태양계에 별이 두 개가 되는 거네.

그랬다면 지구도 지금과 다른 모습이 되었을 거야.

이를테면 안느가 덥다고 두 배 짜증 낸다든가….

토성도 수소, 헬륨 같은 기체로 이루어진 행성이야. 크고 아름다운 고리로 유명한 행성이지. 토성은 태양계 행성 중 유일하게 물보다 밀도가 낮아. 만약 토성을 담글 수 있는 아주 커다란 수조가 있다면 물에 둥둥 뜬다는 이야기야.

자전 주기 : 약 10시간 34분
공전 주기 : 약 29.5년

내가 카시니다~

토성의 고리는 여러 개의 고리가 모여 있어. 이탈리아의 천문학자 카시니가 1675년 토성의 고리가 하나가 아니라는 걸 밝혀냈지. 고리 사이에 거대한 틈이 있다는 것도 알아냈는데, 이를 '카시니 틈'이라고 해.

천왕성 역시 기체 행성이야. 다른 행성과 달리 완전히 옆으로 누워서 돌고 있어. 위성과 부딪히면서 자전축의 방향이 바뀌었을 거라고 추측하고 있어. 천왕성은 전체적으로 푸른색을 띠는데, 대기의 메탄 가스 때문이야. 메탄 가스가 태양에서 오는 빛 중 붉은색은 흡수하고, 푸른색은 반사하기 때문에 푸르게 보이는 거지.

자전 주기 : 약 17시간
공전 주기 : 약 84년

이렇게 옆으로 누워 있구나.

해왕성은 색깔, 크기 등이 천왕성과 매우 비슷해. 역시 기체로 이루어져 있고, 대기의 성분도 천왕성과 비슷하지. 하지만 천왕성에 비해 대기 활동은 훨씬 활발한 편이야.

자전 주기 : 약 16시간
공전 주기 : 약 165년

목성 이후 행성들은 다 고리가 있어. 근데 토성 빼고는 사진에서는 잘 안 보여.

LEVEL UP 인류는 태양계를 탐사하기 위해 여러 탐사선을 보냈어. 태양계 탐사에 대해 궁금하면, **150쪽 과학 레벨업 하기**를 살펴봐!

태양계에는 또 다른 가족들이 있어.

수많은 천체들이 태양의 중력에 이끌려
태양 주위를 돌고 있지.
그럼, 그 끝에는 무엇이 있을까?
친구들과 함께 열심히 게임을 하다 보면
그 비밀이 하나둘 밝혀질 거야.

4장

첫 번째 게임, 숫자 암호를 풀어라

태양계의 다양한 천체들

 "자, 지금부터 흥미진진한 우주 탐험을 시작해 볼까?"

천 교수는 아이들보다 더 신이 난 듯했다.

"모두 세 번의 게임을 할 텐데, 이긴 조는 아주 특별한 선물을 받게 될 거야."

선물이라는 말에 아이들이 웅성거렸다. 백산이가 손을 번쩍 들었다.

"교수님, 1등을 한 조에게는 상장도 주시는 거죠? 저희 엄마가 꼭 물어보래요."

"상장이 필요하니?"

천 교수가 되물었다.

"물론이죠. 우주 캠프에서 1등을 했다는 증빙 자료가 있어야죠. 그런 자료를 잘 모아 두면, 과학 영재원에 들어가는 데 도움이 되거든요."

두산이가 당연하다는 투로 대답했다.

"그래? 주는 거야 어렵지 않지만……."

천 교수가 말을 끝내지 못한 채 머리를 긁적거렸다. 안느가 모기만 한 소리로 중얼거렸다.

"치, 그게 목적이었군. 뜻대로는 안 될 거다."

이번에는 세찬이가 질문을 했다.

"교수님, 선물은 뭔가요?"

천 교수의 얼굴에 다시 장난기 가득한 웃음이 돌아왔다.

"선물은 바로 바로, 밤하늘의 반짝반짝 빛나는 별을 볼 수 있는 천.체.망.원.경!"

우와, 수호의 입에서 탄성이 터졌다. 아무 생각이 없어 보이던 제로의 눈에도 반짝 빛이 돌았다.

천 교수는 잠시 뜸을 들인 뒤, 말을 이었다.

"……이 아니고, 망원경을 닦을 수 있는 최고급 손수건이다. 하하하."

에이~, 실망하는 소리가 여기저기서 터져 나왔다.

"농담이야, 농담! 재미있지? 어쨌든 아주 특별한 선물이 있으니까 기대해도 좋아. 자, 이제 게임을 시작하자. 첫 번째 게임은 '숫자 암호를 풀어라!'"

천 교수가 아이들에게 강의실 앞쪽에 있는 화면을 보라는 손짓을 했다. 그러고는 손에 들고 있던 리모컨을 누르자, 화면에 태양과 8개의 행성이 나타났다. 그리고 검은 우주 공간에 〈134340〉이라는 숫자가 나왔다.

천 교수가 화면을 향해 리모컨을 누르자, 해왕성에서 조금 더 떨어진 곳에 작은 행성이 나타났다. 행성에는 × 표시와 함께 아까의 숫자가 적혀 있었다.

아! 수호가 아깝다는 듯, 머리를 탁 쳤다. 백산이와 두산이가 잘했다는 듯 제로의 어깨를 툭툭 쳤다. 하지만 제로는 문제를 맞힌 게 전혀 기뻐 보이지 않았다.

"교수님, 빨리 다음 문제 주세요."

안느가 재촉했다. 백산이와 두산이가 그런 안느를 보며 피식 웃었다.

천 교수가 리모컨을 누르자, 다시 화면에 숫자들이 나타났다. 이번에는 세 개의 숫자였다.

1834 1910 1986

"이 숫자들의 규칙을 발견해 봐. 그러면 태양계 가족을 또 하나 알아낼 수 있을 거야."

천 교수는 문제를 낸 뒤, 아이들을 흐뭇하게 바라보았다.

"무슨 규칙이 있다는 거지? 아무리 노려봐도 모르겠어."

숫자를 뚫어져라 쳐다보던 안느가 눈을 비볐다.

"숫자를 더하거나 빼 보면 어떨까?"

수호가 말했다.

"좋은 생각이야. 내가 해 볼게!"

세찬이가 연필을 들고 큰 수에서 작은 수를 빼기 시작했다. 안느가 답답하다는 듯 재촉했다.

"아직 안 됐어?"

"잠깐만! 난 긴장하면 덧셈 뺄셈이 잘 안 된단 말이야."

어휴~, 안느가 한숨을 푹 쉬었다.

"다 됐다! 1986-1910=76 이고 1910-1834=76이네."

수호가 손을 탁 내리쳤다.

"얘들아, 이것 봐. 숫자들이 76씩 커지고 있어. 이건……."

수호의 설명이 채 끝나기 전에 백산이의 외침이 들렸다.

"교수님, 정답은 핼리 혜성입니다!"

천 교수가 활짝 웃었다.

"핼리 혜성은 영국의 천문학자인 애드먼드 핼리가 발견한 혜성이지. 혜성도 태양계의 한 가족이란다."

천 교수가 가리킨 화면 속에 태양의 반대쪽으로 길게 꼬리를 늘어뜨린 혜성이 나타났다.

"뭐야, 쟤들 왜 저렇게 잘 맞혀?"

안느가 백산이 쪽을 흘겨보며 씩씩거렸다.

"문제는 제로가 다 푸는 것 같은데……. 뭔가 이상해."

세찬이가 고개를 갸웃거리며 표정 없는 제로를 걱정스럽게 쳐다보았다.

천 교수는 화면 가까이 다가가, 태양계의 가족들에 대해 설명하기 시작했다. 비어 있던 화면에 많은 돌덩어리들이 나타났다.

"여기 화성과 목성 사이에 있는 수많은 소행성을 보렴. 울

퉁불퉁 참 재밌게 생기지 않았니? 뭐랄까……, 그래, 꼭 감자 같다고나 할까? 하하하! 그리고 여기 지구 주위를 돌고 있는 게 바로 달이야. 달처럼 행성 주위를 도는 걸 위성이라고 하는데…….”

수호의 귓가에서 천 교수의 목소리가 왱왱거렸다. 어지럽게 돌아가는 화면이 하나도 눈에 들어오지 않았다.

'나, 천재 정수호가 지다니. 그것도 두 번이나.'

안느는 화면 대신 백두산의 뒤통수를 노려보고 있었다.

'저 웃는 꼴을 봐. 분하다, 분해.'

세찬이는 백산이와 두산이 사이에서 얼굴을 푹 숙이고 있는 제로를 쳐다보고 있었다.

'제로에게 말 못할 사연이 있는 게 틀림없어. 분명해.'

쫓겨난 행성, 명왕성

명왕성은 1930년에 미국의 천문학자 클라이드 톰보에 의해 발견되었어. 다른 행성들처럼 태양 주위를 일정한 주기로 공전하고 있었기 때문에 9번째 행성이 되었어.

드디어 해왕성 너머 또 다른 행성을 찾았습니다!

그런데 2005년에 명왕성과 비슷한 궤도를 도는, 명왕성보다 더 큰 행성이 발견되었어. '에리스'였어.

사실 명왕성은 달의 3분의 2 크기로, 행성치고는 너무 작았어. 명왕성이 행성이면 더 큰 에리스도 행성이 되어야 했지. 게다가 명왕성은 궤도가 틀어져 있어서 가끔 해왕성 궤도 안쪽으로 들어오기도 했어.

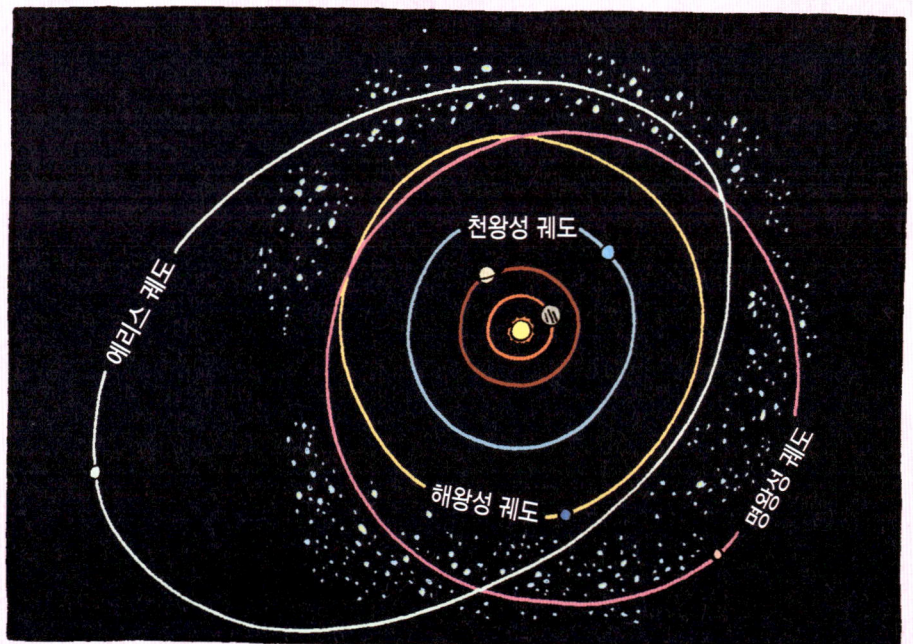

그리고 에리스 외에도 이런 작은 행성들이 계속 발견되기 시작했어. 이렇게 명왕성은 행성에서 제외되어 '134340'이라는 번호가 붙게 되었지. 명왕성이나 에리스 같은 작은 행성들은 '왜소행성'이라는 이름을 가지게 되었어.

왜소행성

 태양계의 왜소행성들을 소개할게. 사진 속 숫자는 왜소행성 번호야.

명왕성
134340

에리스
136199

하우메아
136108

마케마케
136472

세레스
1

 이렇게 다양한 왜소행성들이 있구나.

 모양도 크기도 다양하지. 왜소행성도 행성처럼 위성이나 얇은 고리를 가지고 있기도 해.

태양계의 위성들

 그러니까 위성이라는 게…?

 행성 주위를 도는 천체를 말해. 지구의 경우, 달이 위성이야.

 현재까지 발견된 위성 수는 다음과 같아. 앞으로 위성이 더 발견될 수도 있어. 수성, 금성은 태양의 중력이 강해서 위성을 가질 수가 없어.

행성	지구	화성	목성	토성	천왕성	해왕성
위성 수	1	2	80	83	27	14

아래는 대표적인 위성들이야.

타이탄
토성의 위성 중 가장 커. 태양계 위성 중 유일하게 두꺼운 대기를 가지고 있어.

 **포보스**
화성의 위성이야. 표면이 움푹 팬 수많은 구덩이로 뒤덮여 있어.

유로파
목성의 위성 중 하나야. 표면이 온통 두꺼운 얼음층으로 뒤덮여 있어서 희게 보여. 얼음층 밑에는 물이 있을지도 모른다고 해.

 물이 있다고?

 그래서 생명체가 있지 않을까 기대되는 위성이야.

화성과 목성 사이, 소행성대

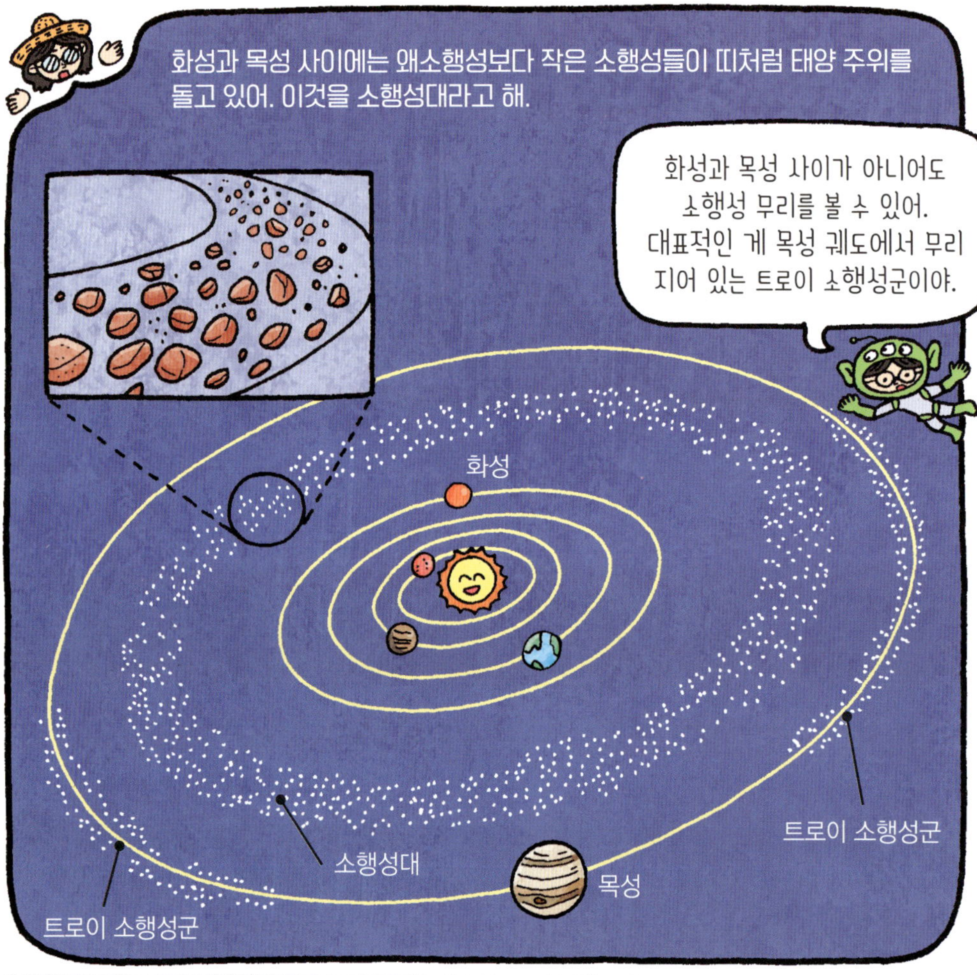

화성과 목성 사이에는 왜소행성보다 작은 소행성들이 띠처럼 태양 주위를 돌고 있어. 이것을 소행성대라고 해.

화성과 목성 사이가 아니어도 소행성 무리를 볼 수 있어. 대표적인 게 목성 궤도에서 무리 지어 있는 트로이 소행성군이야.

화성

소행성대

목성

트로이 소행성군

트로이 소행성군

소행성이 지구와 충돌하면 어떡해?

맞아. 공룡 멸종도 소행성 때문이라는 얘기가 있어.

지구와 화성 사이나 지구 궤도를 가로지르는 소행성군들이 있긴 해. 하지만 아직 충돌 가능성이 얘기되고 있진 않으니 너무 걱정 마.

꼬리를 가진 혜성

 이번엔 혜성 얘기를 해 볼까? 혜성은 공전 주기가 길어서 간간이 한 번씩 모습을 드러내는 천체야. 엥케 혜성은 공전 주기가 약 3.3년, 핼리 혜성은 약 76년, 헤일밥 혜성은 무려 약 3천 년이나 되지.

핼리 혜성

긴 꼬리가 멋지다!

옛날 사람들은 혜성이 나타나면 나라에 나쁜 일이 생긴다고 생각했대.

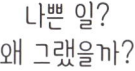
나쁜 일? 왜 그랬을까?

모습이 특이해서? 꼬리가 엄청 길잖아.

캬호~ 구미호다!

 혜성은 먼지와 얼음으로 이루어져 있어. 태양 가까이 다가오면 얼음이 증발하면서 가스가 생기고, 태양풍 때문에 이 가스와 먼지가 태양 반대쪽으로 밀려나면서 긴 꼬리가 생기는 거야.

뜨거운 맛 좀 봐라!

코마 · 머리 · 핵 · 먼지 꼬리 · 이온 꼬리

LEVEL UP 혜성은 어디서 오는 걸까? 혜성의 근원지가 궁금하면, 153쪽 과학 레벨업 하기를 살펴봐!

첫 번째 게임에서 우리 조가 졌어.
제로가 만만치 않은 실력자인 것 같아.
두 번째 게임에서는 반드시 우리가 이길 거야.
참, 두 번째 게임의 주제는 달과 지구래.
달에도 바다가 있을까?
궁금하면, 나와 함께 게임 속으로 고고~!

5장

두 번째 게임, 달 착륙 대작전

지구와 달

 "수호야! 세찬아! 정신 차려."

안느가 수호와 세찬이의 어깨를 잡고 흔들었다. 둘이 멍한 얼굴로 안느를 바라보았다.

"무슨 생각을 그렇게 하는 거야. 교수님이 전시 체험관으로 모이래. 쟤들은 벌써 나가잖아. 우리도 빨리 가자."

안느가 막 강의실 문밖으로 나가는 제로의 뒷모습을 가리켰다. 세찬이가 벌떡 일어나 제로를 불렀다. 하지만 제로는 멈칫하더니 그대로 백산이와 두산이를 뒤따라갔다.

전시 체험관에는 우주선 발사 훈련, 무중력 체험 등 재미있는 체험 거리가 많았다. 세찬이가 하얀 우주복을 입고 서 있는 우주인 모형 뒤로 돌아가, 빈 구멍으로 얼굴을 쏙 내밀었다. 꼭 우주복을 입은 것처럼 보였다.

"나 어때? 우주인 같지?"

"응, 외계인 같아."

안느가 짓궂은 표정을 지으며 세찬이를 놀렸다. 그러자 세찬이가 얼굴을 일그러뜨리며 진짜 이상한 표정을 지어 보였다. 그러더니 갑자기 심각한 얼굴이 되었다.

세찬이의 물음에 안느가 대수롭지 않게 대답했다.

"아냐. 제로는 좋은 애야. 저번에 나한테 치즈볼을 두 개나 준 거 보면 몰라? 백두산과 함께 온 건 같은 과학부라서 그럴 수도 있어."

으이구, 안느가 한숨을 쉬었다.

"세찬이 말대로 이상한 점이 있어. 제로는 왜 문제를 맞히고도 기뻐하지 않는 거지?"

수호가 '최초로 달에 간 인류'라는 코너를 둘러보다 혼잣말처럼 중얼거렸다. 그러더니 몸을 홱 돌려 밖으로 바삐 걸어 나갔다.

"수호야, 어디가? 시간 다 됐어."

세찬이가 수호의 등에 대고 외쳤다.

"배 아픈가 봐. 긴장하면 꼭 화장실 가잖아."

안느가 세찬이를 끌고 우주 비행 체험 코너가 내려다보이는 곳으로 갔다. 유리창 너머로 마치 우주선처럼 생긴 장치가 보였다. 놀이동산의 놀이 기구 같았다. 그 앞에 제로가 있었다.

세찬이가 제로에게 말을 걸었다.

"천 교수님이 여기서 기다리라고 한 것 맞지?"

제로는 안느와 세찬이의 얼굴을 보지 않은 채 고개만 끄덕거렸다.

분명히 게임에서 이길 궁리하고 있을 거야.

수호는 화장실 변기에 앉아 주문을 외우듯 중얼거렸다.
"괜찮아. 괜찮아."
수호가 일어나서 화장실 문손잡이를 잡았을 때였다. 밖에서 말소리가 들렸다. 백산이와 두산이 목소리였다.

수호는 문에 귀를 바짝 갖다 댔다. 하지만 그 다음 말은 물소리에 섞여서 잘 들리지 않았다. 백산이와 두산이는 낄낄대면서 나갔다.

수호는 손을 씻고 체험관으로 돌아왔다. 제로는 다시 백산이와 두산이 사이에 끼어 그림자처럼 서 있었다.

"전시관 체험은 잘했니?"

아이들이 기다리는 쪽으로 걸어오며, 천 교수가 물었다.

"네!"

아이들이 입을 모아 대답했다.

"그럼, 이제 두 번째 게임을 시작해 볼까?"

천 교수는 아이들을 데리고 우주 비행 체험 코너 안으로 들어갔다. 아이들은 긴장된 표정으로 우주선에 탑승했다.
"얘들아, 나 자전거 운전 잘하는 거 알지? 나만 믿어."
세찬이가 가슴을 탕탕 쳐 보였다.
"참, 중요한 걸 잊을 뻔했네. 게임이 끝나면, 저녁밥 먹을 거야. 맛있는 자장면과 탕수육이 기다리고 있지!"
천 교수의 말에 아이들이 와! 하고 소리쳤다. 천 교수의 얼굴에 또 장난기 가득한 웃음이 떠올랐다.
"그런데 말이야, 이긴 조와 진 조의 음식이 달라."

"지면 뭘 먹어요?"

세찬이가 불안한 눈빛으로 물었다.

"컵라면."

우우우~ 아이들이 소리를 질러 댔다.

"하하하, 게임의 세계는 냉정한 거야. 자, 이제 시작!"

아이들은 침을 꼴깍 삼키고 출발 버튼을 눌렀다. 징~ 하는 진동과 함께 우주선이 움직이는 느낌이 들었다. 지상을 출발해서 빠른 속도로 위로 올라가던 우주선은 하얀 구름을 벗어나 지구의 대기를 통과했다. 우주로 나오자 동그란 구 모양의 행성, 지구가 보였다.

"와, 실제로 우주에서 지구를 보면 이런 기분일까? 지구는 정말 아름답다."

푸른 바다와 초록의 숲, 갈색의 육지가 어우러진 지구의 모습을 보며, 세찬이가 감탄했다.

"세찬아, 감탄 그만하고 옆을 잘 봐. 돌덩이가 날아와. 게다가 인공위성들이 곳곳에 있어서 잘 피해야 할 것 같아."

세찬이가 급히 핸들을 움직였다.

"휴, 큰일 날 뻔했네."

"세찬아, 더 빨리. 백두산이 탄 우주선이 바로 뒤에 있다고!"

안느가 소리 질렀다. 세찬이는 가속 버튼을 눌렀다. 우주선은 더 빠른 속도로 가기 시작했다.

"으악!"

갑자기 눈앞에 커다란 바윗덩어리가 달려들었다. 막 우주선과 부딪히려는 순간, 우주선도 바윗덩어리도 멈췄다.

"어휴, 심장 떨어질 뻔."

안느가 큰 숨을 내쉬었다.

"난 심장이 쪼그라들어 콩알만 해졌어."

수호가 두 손을 모아 가슴에 갖다 댔다. 우주선 화면에 문제가 나타났다.

안느가 피식 웃으며, ×표시를 눌렀다. 그런데 우주선이 움직이지 않았다.

"뭐야, 아니야?"

수호도 이상하다는 듯 출발 버튼을 몇 번 눌러 보았다. 화면에 다시 문제가 나타났다.

"그럼, 그렇지. 문제가 그렇게 쉬울 리가 없어."

안느가 곱슬머리를 쥐어뜯었다. 세찬이와 수호가 쿡쿡 소리를 내며 웃었다.

수호가 문제를 찬찬히 읽기 시작했다.

"지구에 생명이 살 수 있는 건, 바로 이것 때문이야."

수호가 자신 있게 글자를 입력했다.

물,공기

"와, 움직인다."

우주선은 바윗덩어리 옆을 조심스럽게 빠져나갔다. 안느가 아직 멈춰 서 있는 옆의 우주선을 향해 손을 흔들어 주었다.

백산이가 제로에게 뭐라고 소리를 치는 것 같았다. 제로가 천천히 답을 입력하자, 제로네 우주선도 다시 출발했다. 바윗덩어리는 우주선 옆을 지나 우주 공간 속으로 날아갔다.

"우와, 저런 돌덩이가 지구에 떨어지면 큰일 나겠다."

세찬이가 뒤를 돌아보며 가슴을 쓸어내렸다.

"괜찮아. 지구의 대기를 통과하면서 대부분의 돌덩이들은 타 버리거든."

수호가 대수롭지 않게 말했다.

"세찬아, 좀 빨리 가. 달에 우리가 먼저 도착해야 한다고."

"알았어. 그런데 운전하기가 만만치 않아. 떠다니는 인공위성과 작은 돌들을 피해 가는 게 어렵다고."

제로네 우주선이 곧바로 옆에 나란히 붙었다. 몇 초 뒤, 나란히 움직이던 두 우주선 앞에 달이 나타났다. 달 표면은 구멍 투성이였다. 우주선이 거의 달 표면에 닿을 듯했다.

그 순간, 우주선이 멈췄다.

"또 문제가 나오려나 봐."

아이들은 화면을 뚫어져라 쳐다보았다. 세찬이가 진지한 얼굴로 말했다.

"이 문제는 엉터리야. 천 교수님 키가 180은 아닌 것 같아."

"그래, 문제가 잘못됐어."

안느가 맞장구를 쳤다. 둘의 말을 못 들은 척 수호는 문제를 풀기 시작했다.

잠시 뒤, 아이들은 천 교수를 따라 식당으로 갔다. 윤기가 자르르 흐르는 자장면, 노릇노릇 튀겨진 탕수육과 군만두가 식탁 위에 놓여 있었다. 세찬이는 뭐부터 먹을까 고민했다.

"아, 행복해. 수호를 따라오길 잘했어."

수호는 두리번거리며 제로를 찾았다. 조금 전 마지막 답을 누르기 직전, 수호와 제로의 눈이 마주쳤다. 제로의 눈은 마치 수호에게 먼저 답을 적으라고 말하는 듯했다. 그리고 결국 간발의 차로 수호가 먼저 답을 적었다.

'뭐지? 내가 잘못 봤을까?'

"야, 제로! 빨리 가져와."

백산이와 두산이가 제로를 보고 소리쳤다. 제로는 컵라면에 뜨거운 물을 붓고 있었다.

"뭐야! 쟤들 왜 제로한테 다 시켜?"

안느가 못마땅한 얼굴로 백산이와 두산이를 보았다.

수호와 안느가 벌떡 일어나 제로에게 다가가 컵라면을 하나씩 들어 주었다. 그리고 백산이와 두산이 앞에 탁, 놓았다. 뜨거운 국물이 뚜껑 사이로 조금 흘러내렸다.

백산이와 두산이는 컵라면을 순식간에 먹어 치웠다. 그러더니 수호 앞에 와서 섰다.

"너, 잘난 척하지 마. 마지막 게임에선 안 봐 준다."

"이따 보자고."

백산이와 두산이가 나간 뒤, 혼자 남아 있던 제로는 물끄러미 컵라면을 바라보았다. 휴, 제로의 입에서 긴 한숨이 나왔다.

지구의 자전

좀 전에 게임에서 우주에 떠 있는 지구를 봤지? 지구는 자전축을 중심으로 서쪽에서 동쪽으로 하루에 한 번 회전을 하고 있어. 이걸 지구의 자전이라고 해.

자전축

지구의 북극과 남극을 연결하는 선을 자전축이라고 해. 23.5도 기울어져 있지. 실제로 있는 건 아니야.

지구는 한 시간에 약 1600킬로미터를 가는 굉장히 빠른 속도로 자전을 하고 있어. 지구가 자전을 하는 동안, 태양 빛을 받는 쪽은 낮이 되고, 받지 않는 쪽은 밤이 돼.

그렇게 빨리 돈다고?

우리가 못 느끼는 게 신기하다.

밤

낮

LEVEL UP
지구의 자전축이 기울어져 있어서 계절의 변화가 생겨. 이에 대해 알고 싶으면, 154쪽 과학 레벨업 하기를 살펴봐!

 그런데 지구가 서쪽에서 동쪽으로 돈다는 건 어떻게 알아?

하루 동안 태양과 달의 움직임을 살펴보면 알 수 있어.

 태양이랑 달이 동쪽에서 서쪽으로 움직이는 것처럼 보여.

앞으로 달리는 자동차 안에 있으면, 나무나 집들이 반대로 뒤로 가는 것 같지? 지구가 서쪽에서 동쪽으로 돌기 때문에 태양과 달이 반대로 동쪽에서 서쪽으로 움직이는 것처럼 보이는 거야.

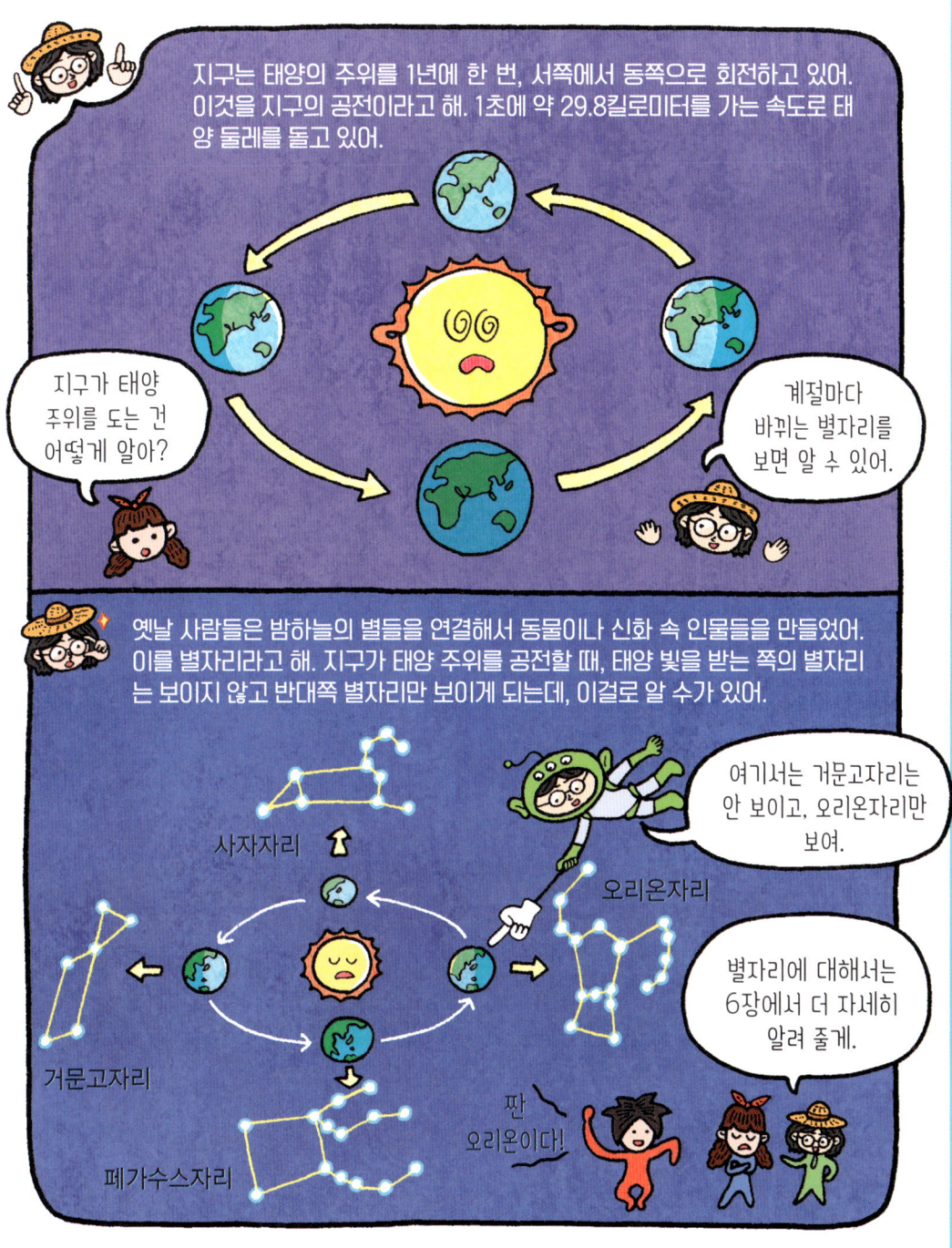

달의 자전과 공전

 그렇게 믿는 사람도 있었지만 그냥 움푹 팬 구덩이만 많아.

달의 앞면

달의 뒷면

달이 지구 주위를 돌면서 태양 빛을 받는 부분이 달라지기 때문에 우리가 보는 달의 모양은 늘 변해.

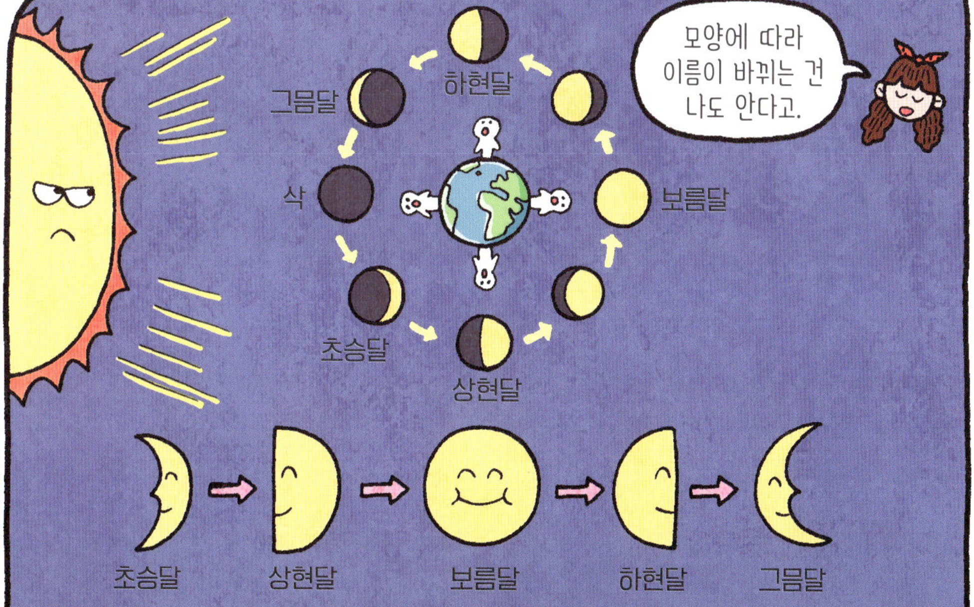

모양에 따라 이름이 바뀌는 건 나도 안다고.

그믐달 / 하현달 / 삭 / 보름달 / 초승달 / 상현달

초승달 → 상현달 → 보름달 → 하현달 → 그믐달

그런데 여러 날 같은 시각에 관측해 보면 달의 위치도 달라지는 걸 알 수 있어. 달이 공전하기 때문에 위치가 달라지는 거야. 아래는 모두 저녁 7시경 달의 위치를 관측한 거야.

음력 7~8일경
음력 10일경
음력 6일경
음력 12일경
음력 4일경
음력 15일경
음력 2일경

아우우

동 / 남 / 서

LEVEL UP 달의 위치에 따라 일어나는 일식과 월식에 대해 알고 싶으면, 155쪽 과학 레벨업 하기를 살펴봐!

깜깜한 밤하늘을 한번 올려다봐.
반짝반짝 빛나는 별들이 보이니?
아주 먼 옛날부터 사람들은 별을 보며 이야기를 만들고,
미래의 일을 점치기도 했어.
그뿐 아니라 별은 캄캄한 어둠 속에서 가야 할 길을
알려 주는 하늘의 지도이기도 했지.
자, 별들이 들려주는 이야기를 들으러 가 볼까?

6장

세 번째 게임, 한밤의 보물찾기

★ 별과 별자리

"아, 배불러."

세찬이가 수호의 침대에 벌렁 드러누웠다. 안느도 캠프에 도착한 뒤 처음으로 환하게 웃었다.

"봤지? 백두산 얼굴이 붉으락푸르락해지는 거. 푸하핫."

수호는 무언가를 골똘히 생각하는 것 같았다.

"수호야, 네 덕분이야. 이번만큼은 마음껏 잘난 척해도 돼. 그러니까 마지막 게임에서도 꼭 이겨야 해. 알았지?"

안느의 말이 끝나자마자 문 두드리는 소리가 들렸다. 안느가 일어나 문을 열었다. 문밖에 백산이, 두산이가 있었다. 그 뒤에 제로가 그림자처럼 우두커니 서 있었다.

"무슨 일이야?"

안느가 놀라 물었다.

"흠, 그게."

백산이가 목을 쭉 빼고 방 안을 살폈다.

"잠깐 들어가도 돼?"

백산이와 두산이는 들어오란 말을 하기도 전에 안느를 옆으로 밀치고 들어왔다. 그 뒤를 제로가 엉거주춤 따라왔다.

안느가 씩씩거리며 따졌다.

"뭐야! 너희, 여긴 왜 왔어?"

"같은 학교 친구끼리 왜 그래. 너 아직도 옛날 일 때문에 우리한테 화 나 있는 거야?"

"나도 피해자야. 이것 봐."

두산이가 자기 볼에 나 있는 희미한 초승달 모양의 상처 자국을 가리켰다. 안느가 흥, 하며 고개를 돌렸다.

백산이는 수호를 보더니, 손에 음료수를 쥐어 주었다.

"자, 이거. 아까 식당에서 내가 말이 심했다."

수호는 얼떨떨해하며 음료수를 받았다.

"마셔. 우리 성의야."

백산이가 재촉하자, 수호는 마지못해 음료수 뚜껑을 땄다. 펑! 하얀 거품이 위로 치솟았다. 거품은 수호의 머리에서 얼굴로 줄줄 흘러내렸다.

"아! 미안. 오는 길에 음료수가 흔들렸나 보다."

백산이와 두산이가 낄낄거리며 방을 나갔다.

"야, 거기 서! 너희, 일부러 이런 거지?"

안느가 둘을 따라 쫓아 나갔다.

"어휴, 정말. 이게 무슨 일이야."

세찬이도 안느를 뒤쫓아 나갔다.

제로가 수호에게 휴지를 건넸다. 수호는 휴지로 얼굴에 묻은 음료수를 대충 닦아 냈다.

"고마워. 아무래도 얼굴을 씻어야겠다."

수호는 안경을 벗어 책상 위에 올려 두고 화장실로 들어갔다. 제로는 수호가 벗어 둔 안경을 물끄러미 바라보더니, 안경을 집어 주머니에 넣었다.

오후 8시, 아이들은 다시 강의실에 모였다. 멀찍이 떨어져 앉은 두 조 사이에 팽팽한 긴장감이 흘렀다.

"아! 너희, 그 이야기 들었어?"

안느가 갑자기 생각났다는 듯 큰 목소리로 말했다. 수호와 세찬이가 궁금하다는 표정을 지어 보였다.

안느는 목소리를 쫘악 깔더니, 이야기를 시작했다.

안느는 백산이와 두산이 쪽을 흘깃거렸다. 백산이와 두산이의 귀가 쫑긋거렸다.

천 교수가 힘차게 강의실 문을 밀고 들어왔다.

"자, 마지막 게임이다! 이번 게임은 한밤의 보물찾기다. 이 카드에 보물이 있는 장소가 적혀 있다. 단, 절대 나침반을 사용해선 안 돼. 난 미리 가 있을 테니, 잘 찾아오도록!"

천 교수는 아이들에게 카드와 손전등을 하나씩 나눠 주고, 먼저 밖으로 나갔다.

"뭐라고 적혀 있어?"

수호가 맨눈을 잔뜩 찡그리며, 카드를 들여다보았다.

"북쪽으로 가서 과거를 보는 타임머신을 찾으라는데?"

세찬이가 미션 카드의 내용을 읽어 주었다.

"수호야, 너 안경 없이 괜찮겠어? 대체 어디서 안경을 잃어버린 거야?"

안느가 강의실이 쩌렁쩌렁 울릴 정도로 큰 목소리로 수호에게 물었다.

"나도 모르겠어. 너희가 좀 도와줘."

안느와 세찬이가 양쪽에서 수호의 팔을 잡았다.

백산이와 두산이는 그런 수호를 흘깃 쳐다보고는 먼저 강의실을 나섰다. 제로도 수호를 잠깐 보더니, 곧 몸을 돌려 둘을 따라갔다.

밖은 불빛 한 점 없이 깜깜했다.
"그런데 북쪽이 어디야?"
안느가 손전등으로 천문대의 이쪽저쪽을 비추었다.
"하늘을 봐. 나침반이 있을 거야."
수호가 말했다.
"어디?"
안느가 고개를 치켜들었다. 까만 밤하늘에 별이 총총 떠 있었다.
"너희, 북두칠성 알아?"
"그 정도는 기본이지. 국자 모양으로 생긴 별자리잖아."

안느가 고개를 이리저리 돌리더니 밤하늘의 한 부분을 가리켰다. 다른 별보다 밝게 빛나는 7개의 별이 보였다.

"저기다! 맞지?"

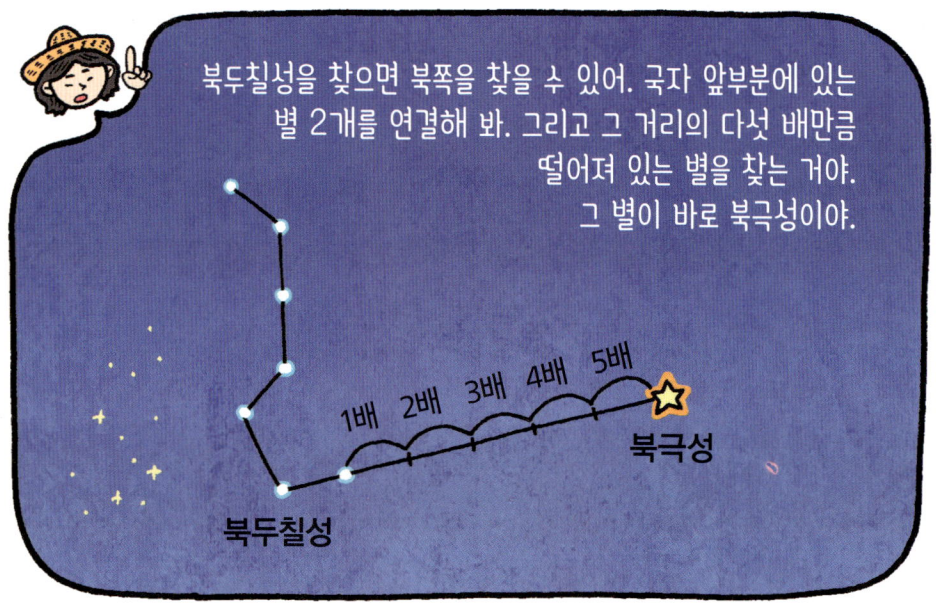

북두칠성을 찾으면 북쪽을 찾을 수 있어. 국자 앞부분에 있는 별 2개를 연결해 봐. 그리고 그 거리의 다섯 배만큼 떨어져 있는 별을 찾는 거야. 그 별이 바로 북극성이야.

안느가 손가락으로 별 두 개를 연결하더니, 하나, 둘, 셋, 넷, 다섯 하고 숫자를 세며 손가락을 옮겼다.

"찾았다! 북극성!"

"그런데 북극성을 왜 찾아?"

세찬이가 물었다.

"북극성은 나침반 역할을 하는 별이야. 북극 바로 위에 있는 별로, 언제나 북쪽 하늘에서 볼 수 있거든. 그래서 뱃사람들에게 북극성은 방향을 알려 주는 중요한 별이었대."

"그럼, 이쪽으로 가면 되겠네. 수호야, 조금 있다가 보자."

세찬이와 안느는 수호를 두고 걸음을 빨리했다. 얼마 뒤, 어둠 속에서 걸어가고 있는 세 명의 뒷모습이 보였다. 제로가 앞에서 가고, 백산이와 두산이가 뒤따라가고 있었다.

안느가 세찬이에게 눈짓을 했다. 안느는 전등을 끄고 길가에 있는 나무 뒤로 숨었다. 나무가 일정한 간격을 두고 심어져 있어서 몸을 숨기면서 따라가기에 적당했다. 세찬이는 안느가 숨는 것을 본 뒤, 옆길로 사라졌다.

얼마 뒤, 앞서 가던 제로가 갈림길에 도착했다. 제로는 길 가운데 서 있는 안내판 위로 손전등을 비췄다. 왼쪽으로는 천체 관측관, 오른쪽으로는 교육관이 있었다. 제로는 잠시 망설였다.

"야, 어디로 가야 해?"

"빨리 말해 봐. 왠지 으스스하잖아."

백산이와 두산이가 제로를 재촉했다.

제로는 결정을 못한 듯 왼쪽과 오른쪽을 두리번거렸다. 그때였다. 캬앙! 어디선가 작지만 날카로운 소리가 들렸다.

"이게 무슨 소리야?"

백산이와 두산이가 주변을 살폈다. 소리는 점점 또렷하게 들려왔다. 등이 움찔움찔해지는 요상한 소리였다.

야…… 옹…… 야…… 옹.

잠시 뒤, 탁탁탁 하며 작은 물체가 달려오는 것 같았다.

"으악!"

두산이가 백산이를 끌어안았다.

"바…… 방금 뭔가 지나갔어. 털 같은 게 내 발목을 스치고 갔다고!"

"고양이 유령 아냐?"

제로가 무심히 말했다.

"야! 그런 말 하지 마."

백산이와 두산이의 다리가 후들후들 떨리고 있었다.

고양이 소리는 점점 더 크게 들려왔다. 이번엔 정체 모를 털 뭉치가 백산이의 다리를 스치고 지나갔다.

"엄마~아! 어~어엉."

두산이는 아예 백산이에게 매달려 있었다. 깜박깜박, 희미한 불빛과 함께 세 명의 그림자가 나타났다.

"백두산, 왜 그래? 고양이 유령이라도 봤어?"

안느였다. 안느의 팔에는 검은 털 뭉치가 올려져 있었다. 안느가 손에 든 검은 물체를 내려놓자, 검은 물체는 재빠르게 움직여 백산이 쪽으로 달려갔다.

"뭐야! 너희가 꾸민 짓이야?"

백산이가 소리쳤다.

"그보다 먼저, 너희가 한 일을 생각해 봐."

수호가 주머니에서 안경을 꺼내 쓰며 말했다.

"어, 그…… 그 안경…… 분명히 숨겼는데……."

두산이가 말을 더듬거리며 제로를 쳐다보았다. 수호가 제로 옆으로 가서 섰다.

"그러니까 말이야, 일은 이렇게 된 거지."

백산이와 두산이가 양쪽에서 제로를 압박했다.

"제로 너! 내가 말만 하면 과학부에서 쫓겨날 텐데, 그래도 괜찮아?"

제로의 얼굴이 하얗게 질렸다.

"그…… 그만. 그만해……."

제로가 떨리는 목소리로 말했다. 수호가 제로의 어깨에 살며시 손을 올렸다.

"말해, 제로야."

안느와 세찬이도 제로 쪽으로 달려갔다. 제로는 백산이와 두산이를 힘껏 뿌리치며, 똑바로 쳐다보았다.

"괜찮아. 과학부 그만둬도. 내일 캠프가 끝나면 선생님께

사실대로 말할 거야. 선생님이 아끼던 천체 망원경을 몰래 꺼내서 보다가 망가뜨린 게 나라고. 겁이 나서 솔직하게 말을 못했다고 다 말할 거야."

제로는 쏟아 내듯 말을 마치더니, 숨을 헉헉거렸다. 백산이와 두산이는 당황한 듯 제로를 바라보았다.

저벅저벅, 아이들 뒤편에서 발소리가 들려왔다.

"이게 다 무슨 소리냐?"

어둠 속에서 딱딱하게 굳은 천 교수의 얼굴이 나타났다.

별의 밝기

별은 저마다 밝기가 달라. 별의 밝기를 나타내는 등급으로 겉보기 등급과 절대 등급이 있어.

겉보기 등급

눈에 보이는 별의 밝기를 나타내는 거야. 고대 그리스의 히파르코스는 별의 밝기를 1등성에서 6등성까지로 나타냈어. 가장 밝은 별은 1등성, 가장 어두운 별은 6등성이지.

1등성과 6등성의 밝기 차이는 약 100배.

내가 전구 1개 밝기라면

난 전구 100개 밝기!

6등성　5등성　4등성　3등성　2등성　1등성

그래, 별은 거리에 따라 밝기가 달라져. 똑같은 밝기라면 가까이 있는 별이 더 밝게 보이지. 그래서 거리와 상관없는 절대 등급을 정했어.

절대 등급

별을 모두 같은 거리에 있다고 생각하고, 밝기를 정한 것을 절대 등급이라고 해.

겉보기 등급 -26.7
절대등급 4.8
난 태양!

겉보기 등급 2
절대등급 -3.7
난 북극성!
쳇, 겉만 번지르르하지.

북극성이 태양보다 실제로는 더 밝은 별이었구나.

나도 겉보기엔 이래도 사실, 읍!

북극성

 북극성은 방향을 알려 주는 중요한 별이랬지?

 맞아. 하지만 북극성을 바로 찾기는 힘들어. 북두칠성 말고 카시오페이아자리를 이용해서 북극성을 찾는 방법도 있어.

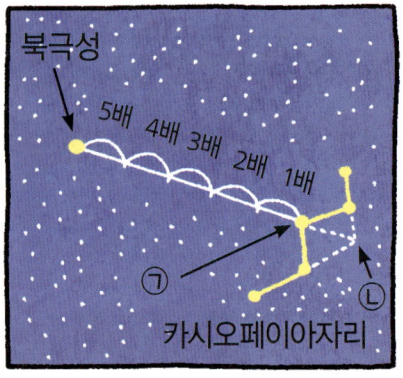

① 밤하늘에서 W 모양의 별자리를 찾아. 바로 카시오페이아자리야.

② 카시오페이아자리에서 바깥쪽 별들의 선을 그어서 만나는 점을 찾아. 이 점을 ⓒ이라고 하자.

③ ㉠과 ⓒ을 연결하고, 거리를 재. ㉠ 별에서 이 거리의 다섯 배를 가면, 북극성이 있어.

북극성은 작은곰자리 꼬리에 있는 별이야. 국자 모양 북두칠성은 큰곰자리에 있는 별이고.

내 꼬리 끝이 북극성이야.

내 몸에는 북두칠성이 있지.

 작은곰자리, 큰곰자리, 카시오페이아자리 모두 계절과 상관없이 늘 볼 수 있어.

별자리

별자리는 대체 누가 만든 거야?

수천 년 전, 바빌로니아 지역에서 떠돌아다니며 가축을 키우던 사람들이 만들었대.

낙타 같지?

멋지다.

별을 이어 이야기를 만들다니, 낭만적이야.

1922년에 열린 제1회 국제천문연맹 회의에서 나라마다 다른 별자리를 통일하기로 했어. 현재 공식 별자리는 88개야. 황도에 12개 별자리가 있고, 북반구에 28개, 남반구에 48개의 별자리가 있어.

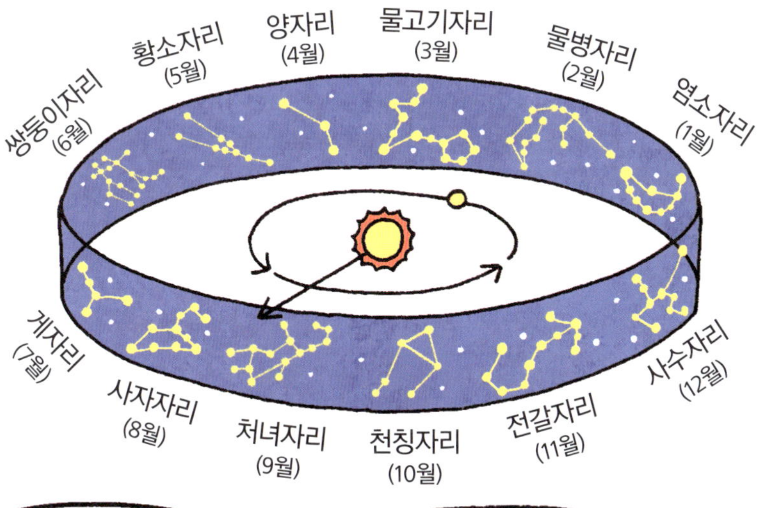

- 쌍둥이자리 (6월)
- 황소자리 (5월)
- 양자리 (4월)
- 물고기자리 (3월)
- 물병자리 (2월)
- 염소자리 (1월)
- 게자리 (7월)
- 사자자리 (8월)
- 처녀자리 (9월)
- 천칭자리 (10월)
- 전갈자리 (11월)
- 사수자리 (12월)

황도는 태양이 지나는 길을 말해. 태양이 어느 별자리에 있는지로 계절을 알 수 있어.

아! 99쪽에서 얘기해 줬었잖아. 아직 기억나. 그치, 안느야?

으… 응?

LEVEL UP 황도 12개의 별자리와 우리나라에서 볼 수 있는 별자리가 궁금하면, **156쪽 과학 레벨업 하기**를 살펴봐!

우주에서 보면 지구는 너무나 작은 존재야.
하지만 그 작은 지구 안에서 우주를 동경하고
우주의 비밀을 밝히려는 인류의 노력은 위대해.
이제 곧 우주 캠프가 끝나.
그런데 행성의 이름이나 크기를 아는 것보다
더 중요한 무언가가 남아 있어.
그게 뭔지, 함께 찾아볼까?

7장

우리는 하나

별의 탄생과 죽음

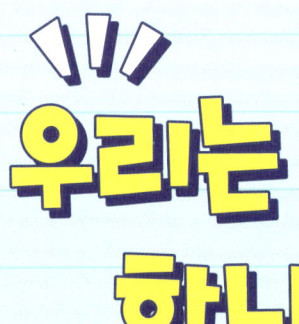

 백산이와 두산이는 훌쩍훌쩍 울었다. 울음 섞인 목소리로 제발 엄마한테는 알리지 말아 달라고 부탁했다. 숙소로 돌아가는 백산이와 두산이의 등이 바람 빠진 풍선처럼 작아 보였다.

"게임은 끝났다."

천 교수가 돌아섰다. 제로가 천 교수의 옷자락을 붙잡았다.

"교수님, 마지막 문제를 풀게 해 주세요. 상장이나 상품 같은 건 없어도 돼요."

"이대로 캠프를 끝낼 수는 없어요."

수호와 안느, 세찬이도 천 교수를 올려다보았다. 천 교수가 밤하늘과 아이들의 얼굴을 한 번씩 번갈아 보더니, 마지못해 고개를 끄덕였다.

아이들은 다시 갈림길의 안내판 앞에 모여 섰다.

"제로야, 과거를 보는 타임머신이 뭔지 알아냈어?"

수호가 물었다.

"응!"

제로가 작지만 분명한 소리로 대답했다. 그리고 손가락으로 머리 위 하늘을 가리켰다.

"저기 북극성이 보이지?"

"응."

"북극성은 지구에서 약 466광년 떨어져 있어. 즉 빛의 속력으로 466년을 달려와 우리 눈에 보이게 된 거지."

"그러니까 우리 눈에 보이는 저 별빛은 466광년 전에 출발했다는 거야?"

수호가 물었다. 제로는 고개를 끄덕이며 다시 설명했다.

"그래, 먼 과거에서 온 별빛이란 거지. 그래서 과거를 보는 타임머신은 바로……."

"천체 망원경!"

수호가 제로의 말을 이어받았다. 아이들은 천체 관측관 쪽

으로 방향을 틀어, 돔 모양의 지붕을 가진 건물로 갔다.
　어두운 계단을 한 층 한 층 올라가자, 천체 관측실에서 천 교수가 아이들을 기다리고 있었다. 거대한 천체 망원경을 본 아이들의 눈이 휘둥그레졌다. 특히 머리 위의 천장이 열리고 밤하늘이 나타날 때는 탄성이 터져 나왔다.

아이들은 전체 망원경으로 자신과 모형으로만 보던 행성과 별을 관측했다.

"달 표면이 또렷하게 보여."

"달 옆에 있는 게 토성 맞죠? 진짜 고리가 있네."

토성의 고리를 본 안느도 신기해하며 렌즈에서 눈을 떼지 않으려 했다.

"여름에는 천문대에서도 별을 보기가 쉽지 않아. 비도 많이 오고 습한 날이 많거든. 오늘처럼 맑은 날은 드물지. 너희는 정말 운이 좋은 거야."

천 교수는 관측실을 나와 바로 옆 잔디 광장으로 아이들을 데리고 갔다. 그리고 잔디밭에 벌렁 드러눕더니 아이들에게도 어서 누워 보라는 손짓을 했다. 아이들은 주춤주춤 등을 대고 누웠다.

여름 밤하늘에는 별이 가득했다. 천 교수도 아이들도 말없이 쏟아질 것 같은 별을 바라보았다.

갑자기 세찬이가 손가락으로 하늘의 한 부분을 가리켰다.

"어! 저기, 저기."

"은하수다!"

수호가 외쳤다.

"정말? 견우와 직녀가 만난다는 그 은하수?"

안느가 놀랍다는 듯 되물었다. 반짝이는 별들 사이로 뿌연 구름 같은 은하수가 길게 뻗어 있었다.

"좋다. 수호 덕분에 이런 별 구경도 하고."
"그렇지? 내 말을 들으면 자다가도 떡이 생기는 거야."
세찬이의 칭찬에 수호가 우쭐거렸다.
"그만!"
안느가 수호와 세찬이의 입을 막았다. 제로가 쿡쿡 웃음을 터뜨렸다. 아이들은 어느새 별은 잊고, 잔디밭을 굴러다니기 시작했다.
"녀석들, 시끄러워서 잠을 못 자겠다."
천 교수가 기지개를 켜며 몸을 일으켰다.

　아이들처럼 신나게 풀밭을 구르던 천 교수는 옷에 붙은 풀과 먼지를 툭툭 털어 내며 아이들에게 물었다.

　"얘들아, 하늘의 별을 다 셀 수 있을까?"

　"당연히 없죠. 우리은하에만 1천 억에서 4천 억 개의 별이 있다고 하던데요."

　제로가 고개를 흔들었다.

　"맞아. 그리고 우주에는 그런 은하가 또 수천 억 개가 있거든. 그런데 상상할 수 없이 큰 우주가 사실은 아주 작은 한 점에서 시작되었다면 믿을 수 있겠니?"

　"네?"

아이들의 눈이 동그래졌다. 천 교수는 손가락으로 공중에 콕 작은 점을 찍는 시늉을 했다.

"138억 년 전, 아주 작은 점에서 커다란 폭발이 일어났어. 그리고 굉장한 속도로 넓어지면서 지금의 우주가 된 거야. 참 신기하지? 잘 자고, 내일 보자."

천 교수는 아이들에게 손을 흔들며 숙소로 걸어갔다. 수호와 세찬, 안느와 제로는 서로를 멀뚱히 바라보았다.

"그럼, 우리는 다 그 점에서 시작된 거네. 별도 달도 지구도."

세찬이가 놀랍다는 듯 말했다.

"믿을 수 없어. 이렇게 큰 우주가 아주 작은 점에서 시작된 거라니."

안느가 고개를 저었다.

"믿어, 안느야. 나무도 풀도, 너도 나도 그 한 점에서 시작되었다잖아. 그러니까 우리는 하나야."

세찬이가 긴 팔로 친구들을 끌어안았다. 안느가 세찬이의 팔을 툭 쳐냈다.

"아니! 너와 내가 하나라니. 차라리 우주 미아가 되겠다."

"뭐?"

"만약에 나 따라잡으면 하나라고 인정해 줄게!"

세찬이가 잽싸게 달려가는 안느를 뒤쫓았다.

"얘들아, 같이 가!"

수호도 제로의 손을 잡아끌며 달리기 시작했다.

'우리는 하나?'

친구들을 따라 달리는 제로의 머릿속에서 그 말이 계속 맴돌았다.

다음 날, 아이들은 연구동 앞에서 천 교수를 기다리고 있었다. 백산이와 두산이는 고개를 푹 숙인 채 발끝으로 바닥을 콕콕 찍어 댔다.

삐죽삐죽 솟은 머리를 가지런히 정돈한 천 교수가 나타났다. 천 교수의 손에 노란 봉투가 6개 들려 있었다. 천 교수는 한 명 한 명 눈을 맞추며 손에 봉투를 쥐어 주었다.

"제1회 태양 천문대 우주 캠프에 와 줘서 고맙다. 사실 게임의 결과와 상관없이 모두에게 선물을 주려고 했단다."

백산이와 두산이의 얼굴이 조금 붉어졌다.

세찬이가 얼른 봉투를 열어 보려고 하자, 천 교수가 고개를 저었다.

"이 봉투에는 아주 특별한 선물이 있어. 태양계 길을 따라 내려가다, 마지막 해왕성에 도착하면 열어 보도록. 망원경으로 보고 있을 테니까, 중간에 열어 볼 생각은 하지 말고."

천 교수는 아이들에게 어서 빨리 내려가라는 듯, 손을 휘휘 저었다.

아이들은 산길을 내려갔다. 내려가는 길은 훨씬 가볍고, 시원했다. 드디어 마지막 행성인 해왕성 앞에 도착했다.

"얼른 열어 보자. 너무 궁금해."

모두 동시에 봉투를 열었다.

"이게 뭐야?"

"으~ 교수님!"

한 목소리로 외치는 소리에 산새들이 푸드덕푸드덕 하늘로 날아올랐다.

은하수

은하수는 사실 지구에서 바라본 우리은하의 모습이야.

은하수

우리 은하?

별과 행성을 포함한 수많은 천체와 우주의 먼지들이 모여 있는 걸 은하라고 해. 태양계가 속해 있는 은하를 '우리은하'라고 부르지.

우리은하

우리은하는 가운데가 두툼한 막대 모양이고, 그 옆으로 소용돌이치는 나선팔이 있는 막대 나선 은하야. 지름은 약 10만 광년쯤 되는데, 태양계는 우리은하의 중심에서 약 3만 광년 떨어져 있어.

은하 중심
나선팔
태양계의 위치

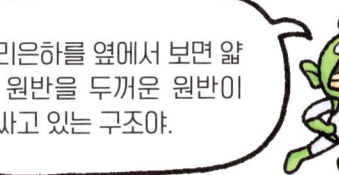

우리은하를 옆에서 보면 얇은 원반을 두꺼운 원반이 감싸고 있는 구조야.

태양계도 우리은하라는 데 속해 있었구나.

그럼, 태양계도 공전하고 있는 거야?

맞아. 은하의 중심을 한 바퀴 도는 데 약 2억 2천~2억 5천만 년 걸려.

은하의 종류

우주에는 우리은하 같은 막대 나선 은하를 포함해 여러 모양의 은하들이 있어.

타원 은하

원이나 타원 모양의 은하야.

막대 나선 은하

중심이 막대 모양으로 생겼고, 양쪽 끝에 나선형 팔이 있어.

나선 은하

중심의 은하핵에서 바로 나선팔이 나오는 은하를 말해. 우리은하에서 가장 가까운 안드로메다은하가 나선 은하야.

불규칙 은하

정해진 모양이 없이 별들이 모여 있는 은하야. 마젤란은하가 대표적이야.

이런 다양한 은하를 촬영하는 최첨단 우주 망원경 이야기가 궁금하면, 158쪽 과학 레벨업 하기를 살펴봐!

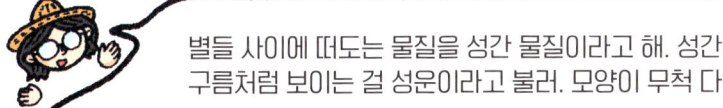

장미성운

말머리성운

별들의 탄생과 죽음

별도 우리처럼 태어나서 성장하다 죽음을 맞이해.

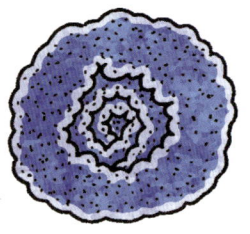 
먼지와 가스로 빽빽한 성운의 중심부는 엄청 뜨거워.

성운 속에서 원시별이 태어나.

애들은 가라!

별은 수소 핵융합 반응으로 에너지를 내면서 빛을 내.

수소를 거의 다 쓰면 커다랗게 부풀어 올라 거대한 붉은 별이 돼. 이를 적색 거성이라고 해.

적색 거성은 시간이 지나면 바깥쪽이 폭발로 날아가고 중심부 핵만 남아서 하얗고 작은 별이 돼. 백색 왜성이라고 하지.

적색 거성

백색 왜성은 천천히 식어서 결국 사라지게 돼.

그런데 이건 태양 크기만 한 별의 일생이야.

더 크면 뭐가 달라?

태양보다 질량이 10배 이상 더 큰 별은 적색 초거성이 되어서 커다란 폭발을 일으켜. 이 폭발을 초신성 폭발이라고 해.

초신성 폭발

적색 거성 까불지 마라

만약 태양보다 30배가 넘는 질량을 가진 별들이 초신성 폭발을 하면, 강하게 수축하면서 블랙홀을 만들게 돼. 블랙홀은 빛조차 빠져나갈 수 없을 만큼 강한 중력으로 모든 것을 빨아들여.

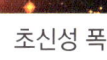
블랙홀

오! 블랙홀!

별이 죽을 때 만들어지는 거였구나.

별이 폭발하며 우주로 퍼져 나간 물질들은 새로운 별을 태어나게 하는 재료가 돼.

LEVEL UP
우주에는 별들이 모여 있는 성단이 있어. 성단과 우주의 탄생이 궁금하면, **159쪽 과학 레벨업 하기**를 살펴봐!

이제 다 끝난 줄 알았지?

아직 하나가 더 남았어!

바로 '과학 레벨업 하기!'

여기까지 정복하면, 어디서든 우주에 관한

과학 지식을 뽐낼 수 있을 거야.

그럼, 진짜 마지막 이야기, 시작한다!

눈 감고도 이 책의 과학 레벨업 하기 페이지를 펼쳐야 고수!

과학 레벨업 하기

太陽 흑점

흑점을 관찰하면 태양도 자전한다는 걸 알게 돼. 태양은 위도에 따라 자전 속도가 달라. 보통 25~30일인데 적도가 25일로 가장 짧아.

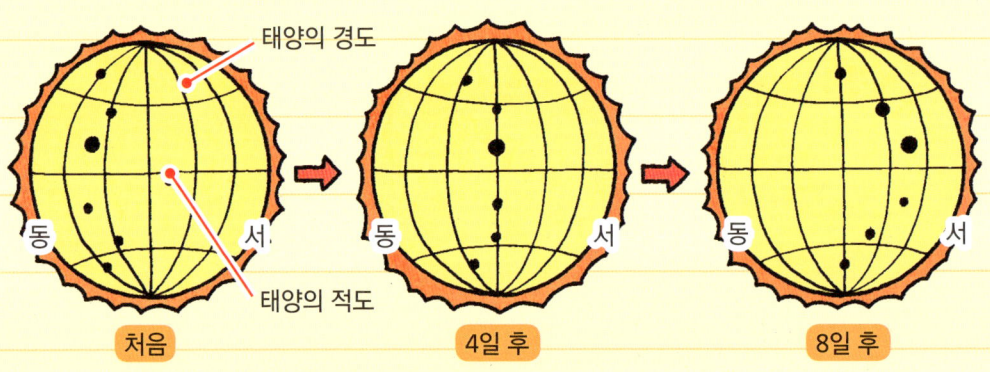

처음 / 4일 후 / 8일 후

흑점이 중요한 이유가 또 있어. 그곳에서 폭발이 일어나기도 하거든.

폭발?

아주 작은 입자들이 빠르게 우주로 날아가는 걸 태양풍이라고 하는데, 흑점 폭발로 태양풍이 생기기도 해.

태양에서 불어오는 태풍 같은 거야?

그래, 강한 태양풍은 전기를 끊어지게 하거나 인공위성의 신호를 망가뜨릴 수도 있거든. 그래서 흑점을 자세히 관찰할 필요가 있어.

신호가 안 잡혀!

지구형 행성과 목성형 행성

 태양계의 여덟 행성은 지구형 행성과 목성형 행성으로 나뉘어.

 지구와 비슷한 행성, 목성과 비슷한 행성이란 거야?

지구형 행성

수성　　　금성　　　지구　　　화성

- 수성, 금성, 지구, 화성을 말해.
- 주로 철과 같이 무거운 원소나 규소질 암석으로 이루어져 있어.
- 표면이 딱딱하고, 상대적으로 크기가 작아.
- 자전 주기가 긴 편이야.

목성형 행성

목성　　　토성　　　천왕성　　해왕성

- 목성, 토성, 천왕성, 해왕성을 말해.
- 주로 수소와 헬륨으로 이루어진 아주 거대한 행성이야.
- 기체로 되어 있어서 딱딱한 표면이 없어.
- 자전 주기가 짧은 편이야.

태양계 탐사선

마리너 10호

1973년 11월에 발사된 탐사선으로, 최초로 금성과 수성 두 개의 행성을 탐사하도록 계획된 탐사선이야. 최초로 수성 사진을 찍은 탐사선이기도 하지. 약 1만 장의 수성 사진을 남기고, 1975년에 탐사 활동을 중단했어.

바이킹 1호

화성에 생명체가 존재하는지 알아보기 위해 지구를 떠난 화성 탐사선이야. 1975년 8월에 지구를 떠나 1976년 7월에 최초로 화성 표면에 착륙했어. 이후 1982년 11월까지 생명체 탐사를 계속했어.

보이저 1호 · 2호

1977년에 발사된 보이저 1호와 2호는 목성형 행성의 탐사가 주요 목적이었어. 하지만 혹시 외계인에게 발견될 때를 대비해 지구의 위치를 그린 그림과 편지, 지구인의 모습 등을 실어 보냈지. 이 두 탐사선은 태양계를 벗어나 지금도 계속 여행 중이야. 현재까지로는 지구에서 가장 먼 거리를 항해하고 있는 탐사선이야.

마젤란 탐사선

최초로 우주 왕복선에서 발사된 행성 탐사선이야. 금성 탐사가 목표였지. 1989년 5월, 아틀란티스호에서 발사되어 1990년 8월에 금성에 도착했어. 이후 마젤란 탐사선은 금성 궤도를 돌면서 금성에 대한 정보를 지구로 보내 왔어. 1994년에 금성 표면으로 낙하하는 실험을 마지막으로 임무를 마쳤어.

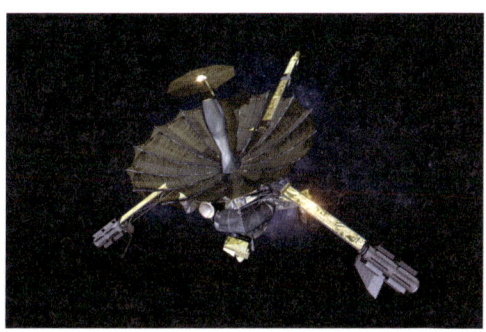

갈릴레오호

1989년 10월에 발사된 목성 탐사선이야. 목성의 위성들과 대기, 자기장 등을 탐사하는 게 목표였지. 1995년 12월에 목성에 도착해 활발히 탐사 활동을 벌이다가 2003년 9월, 목성 대기권으로 들어가 불타 없어지며 임무를 마쳤어.

카시니-하위헌스호

토성 탐사선으로, 1997년 10월에 지구를 떠나 2004년 7월에 토성 궤도에 진입했어. 이후 하위헌스 탐사선은 카시니호와 분리되어 토성의 위성인 타이탄으로 향했어. 그리고 타이탄 표면에 무사히 착륙했지. 카시니호는 토성 궤도를 돌며 2017년 9월에 임무를 마칠 때까지 토성에 관한 많은 정보를 지구로 보내왔어.

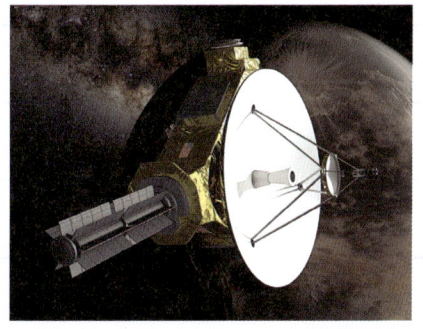

뉴허라이즌스호

명왕성을 탐사하기 위해 2006년 1월 지구를 떠났어. 그리고 2015년 7월 명왕성에 도착했지. 뉴허라이즌스호는 명왕성에 높이 3킬로미터가 넘는 얼음 산맥이 있다는 걸 알아냈어. 그리고 명왕성 탐사를 계속했어. 뉴허라이즌스호는 현재 명왕성 탐사를 마치고 태양계 너머를 향해 계속 여행 중이야. 작동이 멈추지 않는 한 이 긴 여행은 계속될 거야.

달 궤도선, 다누리호

우리나라는 그동안 꾸준히 우주 개발을 위해 노력해 왔어. 1992년 국내 최초의 과학 위성인 우리별 1호 발사를 시작으로, 다목적 실용 위성 아리랑 1호, 우리나라 최초의 정지 궤도 복합 위성 천리안 1호 등 여러 위성을 우주로 쏘아 올렸지.

다누리호

이후 우리나라 자체 기술로 제작된 우주 로켓 누리호가 성공적으로 발사되면서, 우리나라도 1톤 이상의 위성을 스스로 발사할 수 있는 나라가 되었어. 그리고 2022년 8월, 달 궤도선인 다누리호를 발사하는 데까지 성공했지.
앞으로도 꾸준히 기술 개발이 이루어지면, 우리나라도 행성 탐사선을 갖게 될 날이 오게 되겠지?

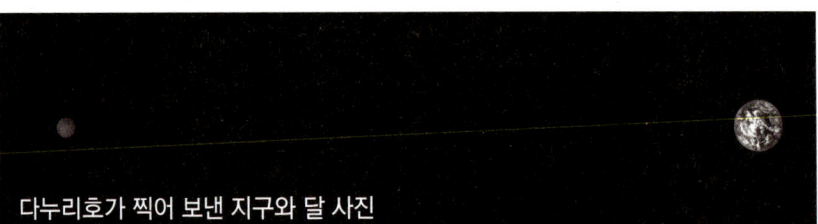

다누리호가 찍어 보낸 지구와 달 사진

혜성은 어디서 오는 걸까?

77쪽에 이어서~

태양은 태양계 전체 질량의 99.86퍼센트를 차지해. 그래서 태양 주변의 천체들은 태양의 중력에 이끌려 태양 주변을 돌게 되는 거지. 이렇게 태양의 중력이 미치는 데까지를 태양계라고 불러. 해왕성 너머에는 카이퍼 벨트와 오르트 구름이 있어.

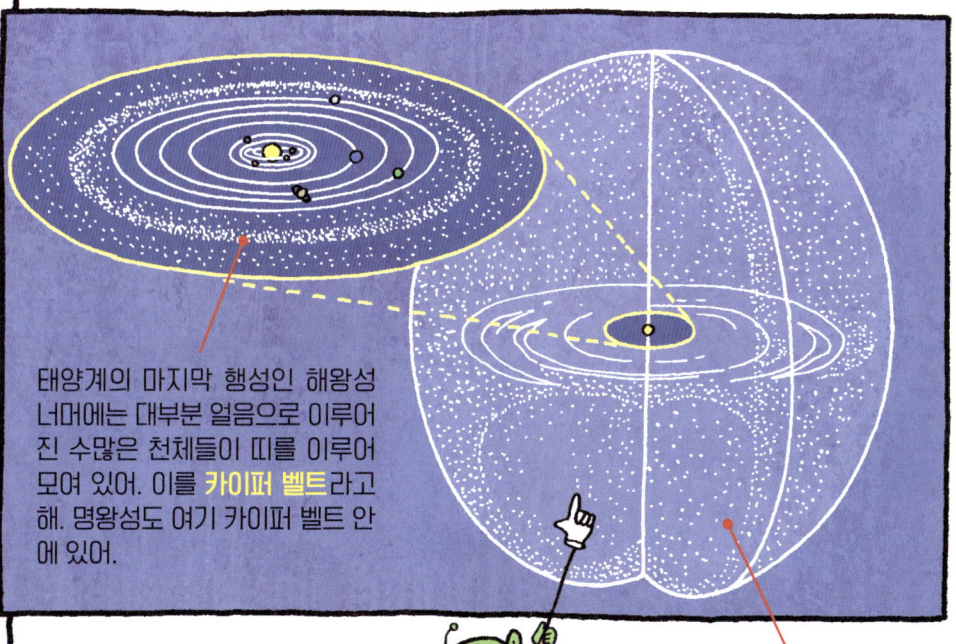

태양계의 마지막 행성인 해왕성 너머에는 대부분 얼음으로 이루어진 수많은 천체들이 띠를 이루어 모여 있어. 이를 **카이퍼 벨트**라고 해. 명왕성도 여기 카이퍼 벨트 안에 있어.

카이퍼 벨트 바깥쪽에는 공 모양으로 태양계를 둘러싸고 있는 **오르트 구름**이 있을 것으로 생각되고 있어.

혜성은 바로 여기 오르트 구름에서 온다고 해. 주기가 짧은 건 카이퍼 벨트에서 오는 거래.

혜성은 엄청 멀리 여행하는구나.

계절은 왜 생길까?

지구는 자전축이 23.5도 기운 채 태양 주위를 공전하기 때문에, 지구의 위치에 따라 태양의 고도가 달라져.

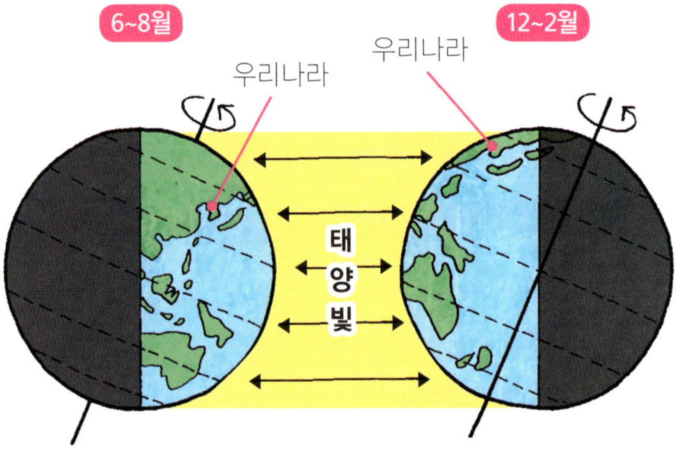

6~8월 / 우리나라 / 12~2월 / 우리나라 / 태양빛

여름에 우리나라는 태양의 고도가 높아. 낮이 길고, 지표면에 받는 태양 에너지 양도 많아져.

겨울에는 태양의 고도가 낮아. 낮이 짧고, 지표면이 받는 태양 에너지 양도 적어져.

태양의 고도가 뭐야?

굿~ 질문

태양의 고도는 태양이 지표면과 이루는 각을 말해. 각이 클수록 고도가 높다고 하지.

봄·가을 / 여름 / 겨울

여름이 될수록 태양이 점점 높이 뜨네.

그래서 태양 에너지를 많이 받아.

일식과 월식

둘 다 맞아. 이럴 때 일식과 월식이 일어나.
태양 – 달 – 지구로 늘어서면, 태양이 달에 가려져서 보이지 않는 일식이 일어나. 태양이 완전히 가려지는 걸 개기 일식, 일부만 가려지는 걸 부분 일식이라고 해.

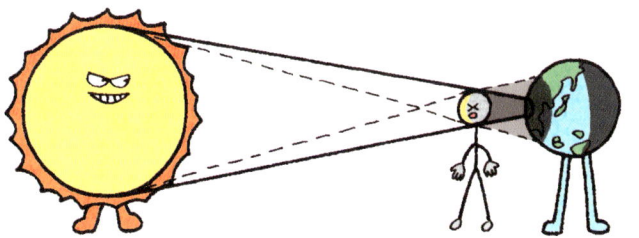

개기 일식

태양 – 지구 – 달로 늘어서면, 달이 지구 그림자에 가려져 태양 빛을 받지 못해 어둡게 보이는 월식이 일어나. 그런데 태양 빛 중 붉은빛은 지구 대기를 통과해 달까지 가기 때문에 달이 붉은색을 띠지. 달 전체가 가려지는 걸 개기 월식, 일부만 가려지는 걸 부분 월식이라고 해.

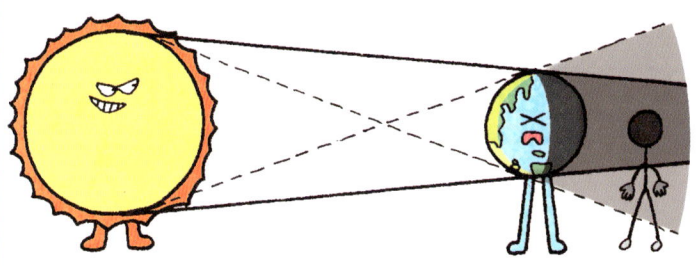

개기 월식

황도 12궁, 생일 별자리

양자리
3월 21일~4월 20일

황소자리
4월 21일~5월 20일

쌍둥이자리
5월 21일~6월 20일

게자리
6월 21일~7월 21일

사자자리
7월 22일~8월 22일

처녀자리
8월 23일~9월 22일

천칭자리
9월 23일~10월 22일

전갈자리
10월 23일~11월 21일

사수자리
11월 22일~12월 21일

염소자리
12월 22일~1월 20일

물병자리
1월 21일~2월 18일

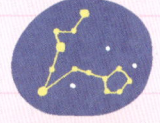
물고기자리
2월 19일~3월 20일

우리나라에서 볼 수 있는 별자리

아래는 우리나라에서 볼 수 있는 대표적인 별자리들이야.

처녀자리는 봄에도 있고 여름에도 있는데?

별자리들은 한 계절에만 보이는 게 아니라 두세 계절에 걸쳐서 보여.

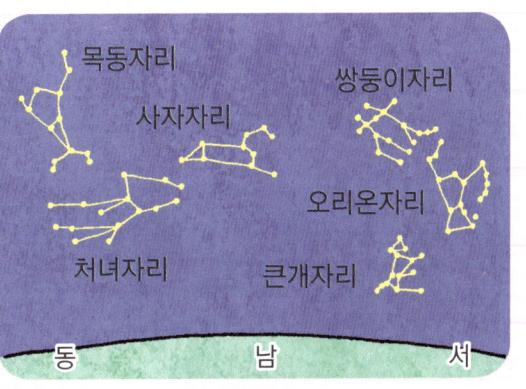

봄(4월 15일경)

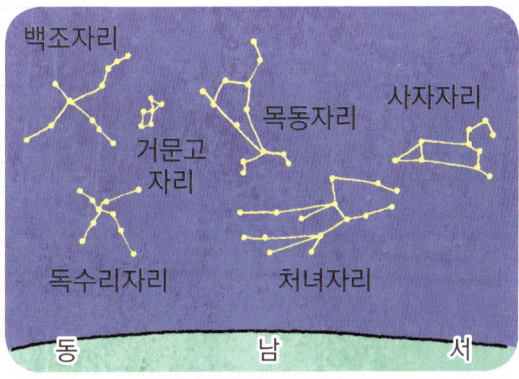

여름(7월 15일경)

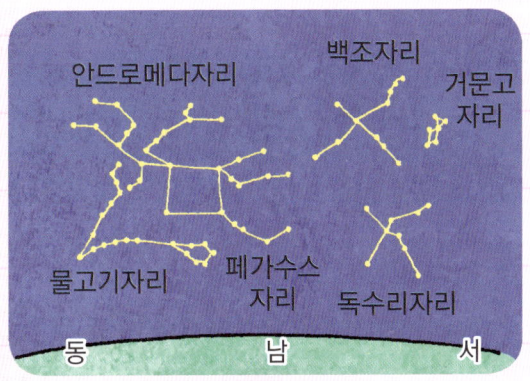

가을(10월 15일경)

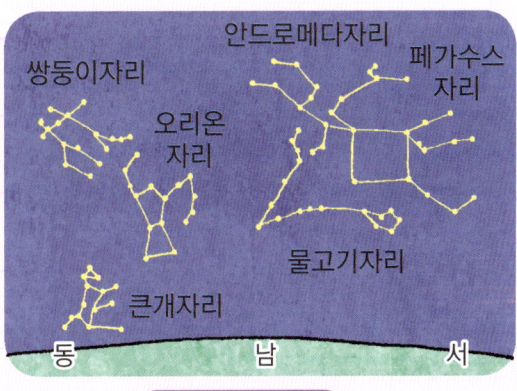

겨울(1월 15일경)

142쪽에 이어서~

제임스 웹 우주 망원경

이건 용골자리 성운 사진이야. 이제 막 태어난 어린 별들이 가득한 곳이지. 지구에서 약 7600광년 떨어진 곳에 있어.

정말 예쁘다.

이렇게 먼 곳의 사진이 어떻게 이렇게 선명하지?

우주는 우주에서 관찰하는 게 가장 또렷해. 그래서 과학자들은 우주에 망원경을 띄워서 우주를 직접 관찰하고 있어. 대표적인 게 용골자리 성운을 찍은 제임스 웹 우주 망원경이야.

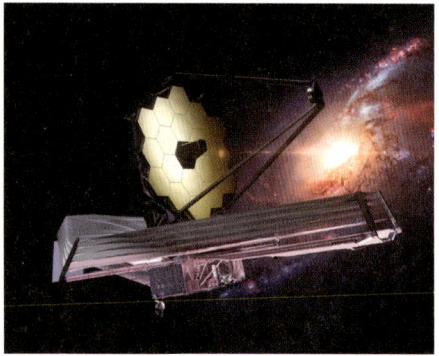

제임스 웹 우주 망원경은 베릴륨 합금에 순금을 입힌 18개의 육각형 거울로 이루어져 있어. 하나당 6.5미터나 되는 아주 커다란 거울이지. 이 거울로 빛을 모아 아주 먼 곳의 우주까지 촬영할 수 있어. 때문에 초기 우주와 외계 행성 생명체 탐사에 기대를 모으고 있어.

제임스 웹 우주 망원경은 지구에서 150만 킬로미터 떨어진 곳에서 우주를 관측하고 있어.

별들이 모여 있는 성단

145쪽에 이어서~

별들이 많이 모여 있는 걸 성단이라고 해.

별들이 모인 건 은하 아니야?

성단은 은하보다 작아. 수백에서 수십만 개의 별로 이루어져 있지. 이런 성단과 성운, 성간 물질로 이루어진 게 은하야.

성간 물질?

별과 별 사이를 채우고 있는 물질을 말해. 먼지나 기체 같은 것들 말이야.

성단은 모양에 따라 구상 성단과 산개 성단으로 나뉘어.

구상 성단
별들이 공처럼 모여 있는 성단이야. 주로 태어난 지 100억 년 이상된 늙은 별들로 이루어져 있어.

산개 성단
별들이 불규칙하게 모여 있는 성단이야. 고온의 밝고 젊은 별들이 많아.

우주의 탄생

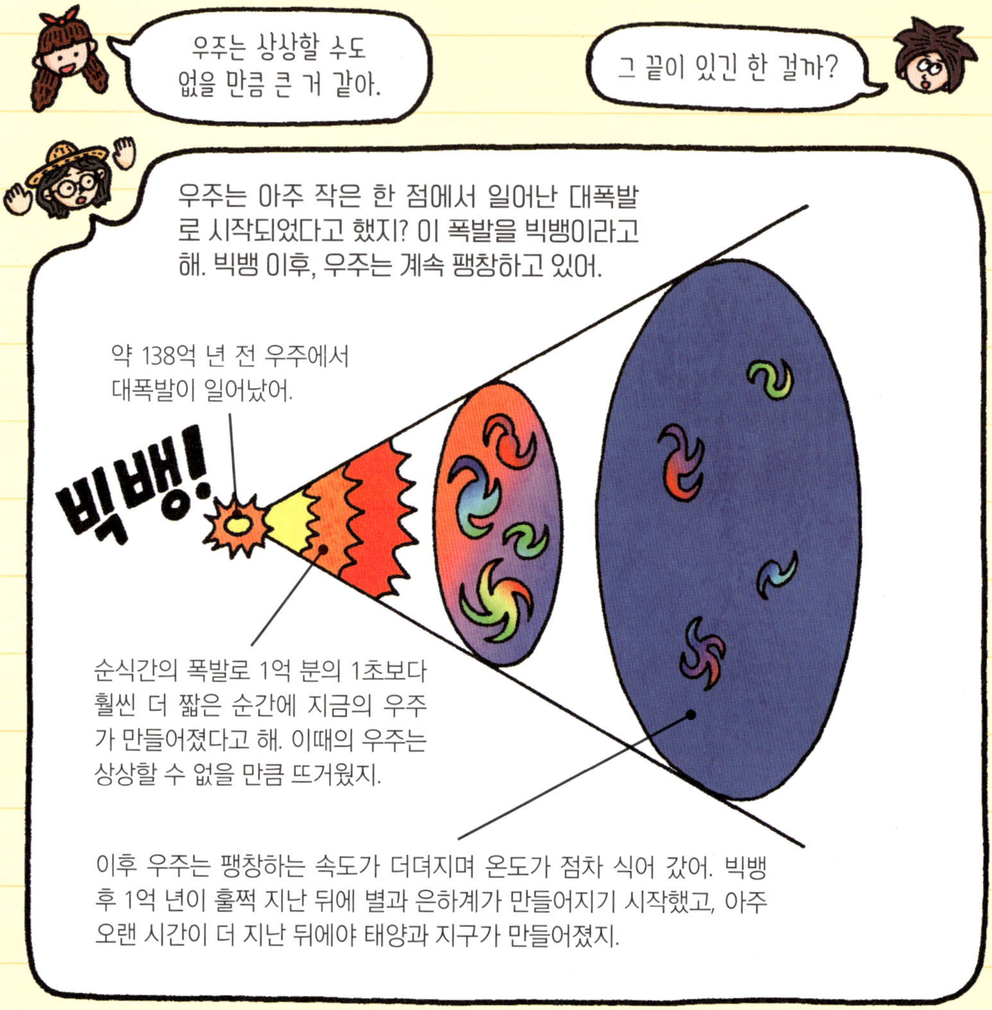

 우주는 상상할 수도 없을 만큼 큰 거 같아.

그 끝이 있긴 한 걸까?

우주는 아주 작은 한 점에서 일어난 대폭발로 시작되었다고 했지? 이 폭발을 빅뱅이라고 해. 빅뱅 이후, 우주는 계속 팽창하고 있어.

약 138억 년 전 우주에서 대폭발이 일어났어.

빅뱅!

순식간의 폭발로 1억 분의 1초보다 훨씬 더 짧은 순간에 지금의 우주가 만들어졌다고 해. 이때의 우주는 상상할 수 없을 만큼 뜨거웠지.

이후 우주는 팽창하는 속도가 더뎌지며 온도가 점차 식어 갔어. 빅뱅 후 1억 년이 훌쩍 지난 뒤에 별과 은하계가 만들어지기 시작했고, 아주 오랜 시간이 더 지난 뒤에야 태양과 지구가 만들어졌지.